山东工商学院特色著作出版资助项目

新商科文库

The Value Identification Strategy of
New High-tech Enterprises

初创高新类企业价值的
识别策略

火 颖／著

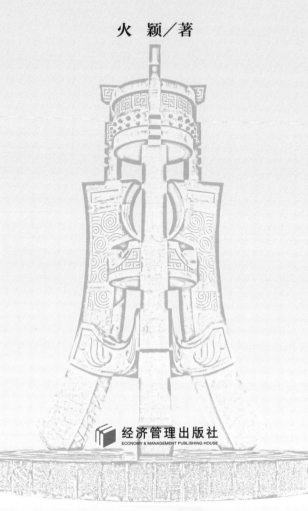

经济管理出版社
ECONOMY & MANAGEMENT PUBLISHING HOUSE

图书在版编目（CIP）数据

初创高新类企业价值的识别策略 / 火颖著. -- 北京：
经济管理出版社，2024. -- ISBN 978-7-5243-0035-9

Ⅰ．F270

中国国家版本馆 CIP 数据核字第 20252BR743 号

组稿编辑：赵天宇
责任编辑：赵天宇
责任印制：许　艳
责任校对：熊兰华

出版发行：经济管理出版社
　　　　　（北京市海淀区北蜂窝 8 号中雅大厦 A 座 11 层　100038）
网　　　址：www. E-mp. com. cn
电　　　话：（010）51915602
印　　　刷：唐山玺诚印务有限公司
经　　　销：新华书店
开　　　本：720mm×1000mm/16
印　　　张：12.5
字　　　数：231 千字
版　　　次：2025 年 4 月第 1 版　　2025 年 4 月第 1 次印刷
书　　　号：ISBN 978-7-5243-0035-9
定　　　价：88.00 元

前　言

　　本书希望能够在初创高新类企业估值方面带给阅读者一种新的视角和体验。本书主要讨论的是高新类企业的投资估值。

　　高新类企业（High-tech enterprise）是指针对电子与信息技术、生物工程和新医药技术、新材料及应用技术、先进制造技术、航空航天技术、现代农业技术、新能源与高效节能技术、环境保护新技术、海洋工程技术、核应用技术及与上述十大领域配套的相关技术产品等，从事一种或多种高新技术及其产品的研究开发、生产和技术服务，并以此为基础开展经营活动的企业。虽然任何资产都可估值，但用于不同类型资产估值的各种模型之间是有差异的。虽然有这些差异存在，但模型总是具有一些共同因素，如收益的组成和风险衡量的基本因素总是类似的。本书笔者关注的研究对象以创立时间较短，且具有高成长潜力的高新类企业为主。有关年轻公司的问题不在于它们是不是还在亏损，不在于是否有完整的历史记录，也不在于有无稳定的有形资产，而在于相比成型公司它们还处在生命周期的早期，却需要在具有成型产品市场之前就能获得估值，而这一问题并非理念性的而是操作性的。

　　所有的估值都无法摆脱不确定性。不确定性通常来自标的资产，而估值模型本身又会加剧这种不确定性。企业的价值实质依然是出自其资产的未来现金流现值，估算高新类企业价值是依据于不确定性条件下的未来预期现金流，且其预测极其不易。高新类企业价值的基本成因在于它产生高度的成长性和在可预期的未来创造现金流的能力，而其风险也在于成长性和创造现金流能力的不确定性。一般而言，传统估值中市场对盈利较高的企业的估值要高于对盈利较低者的估值，然而初创高新类企业虽多为亏损者，但有时也能得到很高的估值。这一点似乎与"企业价值和利润率相互关联"的说法是相悖的。初创企业在土地、建筑物或者其他固定资产上也并无重大投资，而高新类企业是从各种无形资产上产生大量的价值。针对负盈利和无形资产，有些分析者认为传统估值模型无法对高新类企业进行估值，需要另辟蹊径论证对新创企业的估值。

这一阶段的企业融资难度大，弹性很强，不同的人使用不同的估值模型得到的结果往往大相径庭。如何使创始人能够客观地衡量企业价值、建立专业化的企业价值思维，以促进企业成长？本书从当前已经较为成熟的企业价值衡量模型出发，利用初创企业价值的主要驱动因素（如长期的销售增长潜力和投入资本回报率角度）讨论高新类企业在业务层面或公司层面哪些财务和绩效目标可以促进其发展以及增加企业的价值。初创高新类企业成立时间短，最初几年几乎只有投入没有产生收入流水，基础资产少、技术差别大，而在同一方向、同一领域重合度又比较大，商业模式价值难以确定。同一赛道里类似的企业那么多，如何甄别出那些种子选手呢？前期投入大小不均、成长速度参差不齐，不确定性因素繁多，合理估值的难度更是大大提高。在新兴企业基础条件不足的情况下合理评估企业未来经营的状况，寻求一种或者几种适用于初创高新类企业的估值方法，既具有十分重要的理论价值，又是市场的需求。本书可为初创高新类企业进行合理价值估值提供重要的借鉴意义，具体表现在以下三个方面：

（1）为初创高新类企业经营决策提供参考价值。经营者的最终目的就是使公司价值最大化，掌握估计的企业价值，为经营决策者提供有效的反馈，并揭示企业价值的相关影响因素，为其科学管理提供依据。

（2）为资本市场投资者和监管者提供重要的决策依据。决策的失误是最大的失误，采用更加合适、便捷、明确的方法进行企业价值评估，可以有效地帮助投资者做出决策，得出更加被投资者认可的评估结果，从而吸引更多的资本流入初创高新类行业，为行业的发展"推波助澜"；同时，可以判断市场是否过热，从而促进初创高新类行业的完善与发展。对企业的经营者来说，了解企业内在价值，可以更好地判断企业价值的影响因素，并有效地制定未来发展战略决策，促进企业价值的增长。

（3）为初创高新类企业各轮融资和上市融资定价决策提供重要的价值依据。因为初创企业具有的数据样本少、未来风险高、初期投入高、无形资产多等特点，确定恰当的评估方法，能够更加合理地评估初创高新类企业价值，为市场投资者和公司经营者提供重要投资和融资决策依据，优化资本使用效率。

基于上述内容，本书将高新类企业和互联网公司进行区分说明，因为从估值模型的角度来说，它们涉及不同的商业模式，估值依据都不同。随着互联网的兴起，高新类企业和互联网公司之间的区别有时会被人们混为一谈，在估价时，我们必须明确这两者的区别，因为两者是完全不一样的商业模式。虽然高新类企业核心产品的科技含量很高，但就本质而言，依旧是属于传统的商业模式；互联网公司则是一个比较新型的概念，互联网商业模式的历史到现在也不过才二三十年。

科技公司作为一种传统的商业模式，通过研发、运营等环节，形成产品或者服务，再通过销售产品获得利润。其中，核心就是产品，而一个商业产品的成功，里面包括的不仅仅是产品，还有源自产品本身的研发、营销、用户的体验度。这些就是产品企业最主要的竞争力，而科技公司的核心竞争力就是研发科技含量高的产品。

互联网公司与科技公司的最大区别，是互联网公司并非以产品为核心。不同于科技公司以科研为核心，互联网公司并没有形成一个比较统一的核心认可。每一家互联网公司，都是在互联网的基础上实现自己的商业想法。这两种商业模式有不同的运营模式：前者强调在产业中深耕细作，一般来说周期是比较长的，这个周期一般既包括成功的周期，也包括衰弱的周期；而后者因为互联网还在快速的更新之中，所以强调其不断更新的能力。

本书将主要估值高新类企业，主要对无人载人飞行器、人脸识别和生物医药三个高新技术领域进行初创企业的估值分析。框架结构如图0-1所示。

第一篇是初创期企业价值评估的基础。该篇包含初创期企业价值与管理者的使命，以及初创期企业为何要进行价值评估，并简单介绍了几种估值方法在初创类企业中的应用，如绝对估值法、相对估值法和其他初创期企业适用的估值方法。

第二篇是如何对初创期企业进行估值。该篇通过初创企业估值模型的确定，确定企业估值模型的内在逻辑，讨论各阶段高科技企业价值驱动因素，确定初创高新类企业估值的一般分析框架，并跨越初创企业价值评估标准的障碍，对影响项目估值的因素进行分析，说明如何增进初期企业价值。

第三篇是初创高新类企业估值分析。该篇讨论未盈利高新类企业的上市，从创业板到北交所的设立逻辑，以及创业板、北交所的上市考核，分析科创板上市条件、标准和科创板未盈利企业行业分布。最后一部分是三大领域的估值分析，包括无人载人飞行器的估值、人工智能项目的估值和生物医药项目的估值。

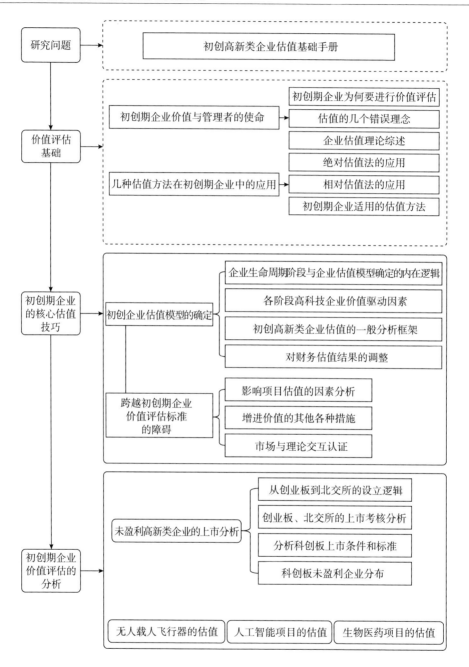

图 0-1 本书框架结构

目　录

第一篇 初创期企业价值评估的基础

第一章 初创期企业价值与管理者的使命

  企业估值一直都是项目估值中最令人感兴趣的部分之一，创造价值是现代企业对公司本质的最深刻认识。投资本身是一个决策问题，而决策差异的背后是认知水平的问题，认知是大脑的决策算法，投资就是对未来的不确定性下注，投资的过程就是不断地在胜率和赔率之间做平衡。近年来，随着信息化与智能化技术的快速发展，高新技术企业大量涌现，推动了科技经济发展，使经济增长方式发生巨大转变。资本追逐新兴产业的出现与创新企业诞生的利益，就迫切需要科学的估值和评估高新技术企业价值内涵。

  对于初创期的企业，确定其价值是一项具有挑战性但至关重要的任务。首先，评估其核心技术或创新理念的独特性和潜在影响力是关键。如果企业拥有具有开创性的技术或理念，且在市场上具有较大的竞争优势，这将为其价值加分。团队的素质和经验也起着重要作用。一个富有激情、具备相关行业经验和专业知识的团队，往往更有可能将企业的理念转化为成功的商业实践。市场潜力的分析不可或缺。考察企业所处的市场规模、增长趋势以及未被满足的需求，以预估企业未来的发展空间。其次，考虑企业已有的客户基础和合作伙伴关系。即使在初创期，早期的客户认可和有力的合作伙伴都能显示企业的发展潜力。财务状况虽然在初创期可能不太稳定，但仍需关注资金的来源、使用情况以及未来的融资计划。还可以参考同行业类似初创企业的估值情况，但需注意每个公司的独特性。最后，采用一些估值方法，如风险投资法、实物期权法等，综合各种因素确定初创期企业的价值。总之，确定初创期企业的价值需要综合考虑多方面的因素，并且需要具有一定的前瞻性和判断力。

  一人一世界，每个人看到的世界都不一样，每个人对同一投资机会的认知也分不同的维度，不同维度的认知意味着各自完全不同的胜率选择。没有高确定性为前提的高赔率，是赌博。但市场普遍认知到的高确定性，在通常情况下又不可能提供高赔率。所以问题的本质其实是你是否有超越市场大多数人的认知，适时地判断出市场的错误定价，能以高胜率做高赔率的决策。一个好的创始人，应该是在他所在的领域里有高认知水平并能够正确地做出决策为项目创造价值的管理者，也是应当被投资方发掘和认知的。

第一节 初创期企业为何要进行价值评估

一、企业估值是投融资和企业交易的前提

从企业生命周期发展视角出发，探析高新技术企业（High-technology Enterprise）价值构成与价值增长的内在动因，优化选择估值方法，为投资者提供实用化估值分析工具，有助于合理评估高新技术企业价值。此外探寻各阶段估值风险形成原因，提出相应的价值风险管理策略，又有利于企业的内在价值发掘，并将优质的企业管理能力和好的创始团队及高获利能力的企业从其他一般企业中甄别出来。只有进行了企业估值，才能进行投融资和企业交易。而一家投资机构将一笔资金注入企业，应该占有的权益也首先取决于企业的价值。与传统企业价值评估相比，高新技术企业价值评估的目的、要求、需求等都存在很大不同，而且后者的价值评估有着更多的困难。

二、对企业进行估值是专业的服务

对企业估值是资产评估机构和从业人员按法律和相关规定以及特定准则，依照委托估算基准日指定目标下的企业整体和股东部分或整体的权益价值，并根据结果给出相对应的资产评估报告，它是一种专业的服务行为。高新技术企业预期收益的高度不确定性，导致运用收益现值法难以预期稳定的现金流；类似可比上市企业数目不多导致运用市场比较法难以获得合适的估值参照对象；无形资产占比高导致运用成本加和法难以判断账外资产的非收益性价值。因此，高新技术企业的价值评估方法问题引发了学界和业界的极大关注。

一个成长中的企业值多少钱？初创期的企业应该使用什么样的模型进行估

值？由于高新技术企业生命周期各阶段不同的经营决策和风险资本策略会导致价值评估的目的、需求、要求存在明显差异，因而需分阶段研究企业价值评估方法的选择准则和方法。

三、高新技术企业内在价值是个区间，高新技术企业估值有它的安全边际

内在价值是"最低的内在价值"，它一定不会是一个精确的数字，也不会估值精确到一个点，统计上这叫点估计，统计学告诉我们点估计都是"不科学"的，所以我们的内在价值一定是一个区间。就连企业的董事长大部分时候都搞不懂自己的企业具体值多少钱。不同估值方法计算出来的估值无法一致；低估值并不代表立马涨，高估值也并不代表立马跌，这是资本市场短期常态。价格时而远离价值，时而合一，价格一定围绕价值波动，这也是资本市场长期常态。

四、要最大限度地接近企业价值

当前国际对高新技术企业的估值模式总结如下：一是将现金流折现法、市场法和 EVA 等传统估值方法与高新类企业和互联网公司特点相融合加以研究；二是基于互联网公司价值来源于用户规模的特点采用用户价值法加以研究；三是基于高新类公司不确定性和数据较少的特点，寻求创新性的价值估值方法，如实物期权法等。

企业生命周期所在的不同阶段，高新类企业价值随企业生命周期各阶段现金流、实物期权价值与企业整体价值的特征与表现形式不同，企业价值构成与驱动因素不同。以高新类企业生命周期为核心分别在发展的各个阶段进行估值，仅使用一种方法来估值无疑失之偏颇，本书希望有管理企业经验的创业者和具有财务知识基础的读者能从本书中获取企业价值的思维逻辑，知道有益于企业发展和提高企业价值的除销售增长，其他需要关注的有哪些信息是与企业价值息息相关的。

在企业金融中，创造价值是其目标，价值评估也是企业发展中的重要内容，如何建立企业金融和企业战略的联系，如何使公司有能力找到提升企业价值的方法，在估值中如何贴近现实等，正是估值者致力以求的。在《价值评估公司价值的衡量与管理》（*Valuation Measuring and Managing the Value of Companies*）中表达的观点很简单：公司只要能为股东创造真正的经济价值，就能兴盛。公司是通过资本投资并取得高出资本成本的回报来创造价值的。

企业价值估值方法，无疑现有常规估值方法的梳理是一个基点。利用企业现有的盈利模式、财务指标、竞争对手与行业数据与分析及相关的指标，通过将传统估值的收益法、市场法和用户价值法还有实物期权模型进行估值对比。给读者建立估值的初步概念和简单应用思维是本书的最终目的。对企业的估值不是简单地将企业资产进行叠加计算处理，而是要充分发掘企业的市场潜力、未来发展前景、盈利能力进行综合评判。

第二节　估值的几个错误理念

一、误区理念 1：因为估值模型是数量化的，所以估值是客观的

这是因为估值既不是某些支持者所言是一门科学，也不像理想主义者所期望的那样是对真实价值的客观探寻。虽然在估值中所使用的是数量化的模型，但是这些模型的输入变量就带有大量主观判断色彩。因此，根据模型计算出的最终价值将受估值过程中存在的主观偏见的影响。

解决办法应是在估值开始之前就应设法消除主观偏见，但只要我们需要从外部获取关于被估值资产，如一家企业的信息、分析和观点，就不可能避免将主观偏见引入估值之中。但是有两种方法可以减少估值过程中的主观偏见：首先，在估值完成前尽量避免受到公众关于资产价值观点的影响；其次，在估值之前尽可能较少地关心资产是高估了还是低估了。

机构观点会影响估值中的主观偏见程度。假如股票分析研究人员总是津津乐道地建议持有某些股票，他们当然更容易倾向于认为股票价值是被低估的。部分原因是他们信息不对称，部分原因则是他们面临来自大量持有股票投资组合的管理者的压力。所以在依据第三方所提供的估值结果进行决策之前，要先辨别进行估值的分析人员的主观偏见。比如，在收购事件中，目标公司提供的估值结果往往过于乐观，买方公司给出的估值结果又往往压低价格，因而才有第三方企业提供较为公正的估值。在估值过程中，我们应当对主观判断的倾向性保持足够审慎怀疑的态度。

任何估值模型得出的结果都是受企业自身和市场信息影响的。因此，当新的

信息公布，估计的价值会发生相应的变化。进入金融市场的信息是源源不断的，因此，关于企业的估值结果具有很强的时效性，容易过时，因而需要不断地进行信息更新，以反映最新的市场变化。

二、误区理念2：好的估值能够对价值作出准确的估算

由于估值过程中不可避免要对企业和宏观经济前景提出某些假设，因此，即使是对于最谨慎和细微的估值，最后的结果也带有不确定性。既然现金流和贴现率的估计必然含有误差，那么期盼进行准确无误的估值显然是不合理的。这同时意味着分析人员在根据估值结果提出投资建议时，必须为自己留出合理的误差空间。总体而言，估值的质量与分析人员在收集数据和理解被估值企业方面所耗费的时间是成正比的。而"黑天鹅事件"的发生，更增加了一些估值结果的可能性偏差。

估值的精确程度会因投资项目的不同而变化。相比于处在动荡行业中的年轻企业的估价，针对具有长期融资史的大型和成熟公司的估价通常要准确得多。但遇到新兴企业，若这个企业又恰好处在新兴市场或新兴行业，由于相关市场前景的不确定性，会进一步加剧与估值相关的各种困难，这与企业所处生命周期阶段有关。为什么说估值没有绝对的标准？因为风险偏好的存在，对风险溢价的要求是不同的，而不同行业的风险溢价不同，市场合理的估值就是要找出整个市场估值的中线。成熟企业的估价通常易于增长型企业，对年轻初创企业的估价则比已有现成产品和现有市场的企业困难得多。

所以问题不在于我们所使用的模型如何，而在于估算未来情形时所遇到的各种困难。未来的不确定性或信息的缺乏，这些都是许多投资者和分析师用来证明，为何无法开展精确估价的理由。但是，在现实世界中，对这些企业进行估价所能获得的报酬却是最大的。

三、误区理念3：认为市场总是错误的

估价行为通常蕴含着这样一种想法，即市场是会出错的。凭借着通常为成千上万的投资者所接触的信息，估值的目的就在于发现这些错误。因此，似乎可以这样认为，那些相信市场无效的人应该把时间和资源投入估价中。另外，那些信奉市场有效者则应把价格看作是对价值的最优估计。大多数估值结果的比较基准是市场价格。当分析人员所得出的估值结果远远偏离市场价格的时候，只能存在两种

可能：①估值结果错误，而市场是正确的；②估值结果是正确的，市场存在错误。

对待市场有效性问题，最好是持怀疑的态度。在实际估值中，我们先应当认为市场是正确的，分析人员有责任提供充足的证据，以说明他们的估值结果比市场价格更合理。一方面认识到市场会犯错误，另一方面则是发现这些错误需要技能与运气的结合。因此，这种市场观念可以导致下列结论：

如果分析得到的价值与市场价格大相径庭，首先应该考虑到市场是正确的；如果估值结果是正确的，市场存在错误，即使某只股票看来明显地被低估或者被高估，它也有可能纯属幻象。然后，我们必须说服自己，在认定某一事物被高估或被低估之前，我们是偏离了事实的。这更高的标准可以督促我们在随后的整个估价过程中更加谨慎小心。考虑到胜出市场的不易，这种审慎绝非多余。当然这有可能会导致投资者更审慎地对待估值结果，但从市场获利绝非易事，所以对于投资者，谨慎的态度不可或缺。

四、误区理念4：估值的过程并不重要，估值的结果才是关键

关于估值模型理解，有些人可能将全部精力集中于最后的估值结果，却忽视了在估值过程中可以获得的更有价值的信息。就是会发生完全只注重结果（公司的价值，以及它是否被低估或被高估），而错失可以从估价过程中获得某些宝贵见解的风险。估值过程有助于我们理解价值的决定因素，并理解一些基本的问题。例如，我们应为超常增长率支付多高的价格？某一商标某一品牌的价值是多少？提高项目收益率的重要性有多大？边际利润率的变化对公司价值有什么影响？既然估值过程本身具有信息价值，即使是对于那些深信市场是有效（市场价格已经是对价值的最优估计）的投资者而言，估值模型也是有意义的。

我们要清醒的一点是，估值本身不会带来直接利润，只有决策才会带来收益或者避免风险，估值能够带来的只有安全边际。由于传统估值方法很多时候已经失效，这种失效风险使高新技术企业估值需要新的武器。

第三节　企业估值理论综述

近百年来，伴随着估值理论不断发展与估值工具的不断完善，众多学者从不

同研究视角，使用不同估值模型评估企业价值，涌现出数十种有关企业价值的评估方法，本部分主要讨论收益法、市场法、实物期权方法和用户价值法。归纳总结与高科技企业价值评估相关的方法分类，可以将评估方法分类如下（见图 1-1）。

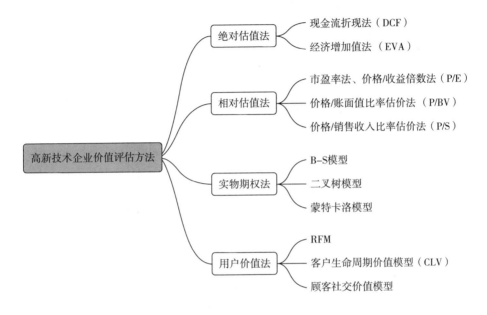

图 1-1 高新技术企业价值评估方法

在价值评估领域里，只有能创造价值或者增加价值的讨论才符合逻辑，也只有从产业和战略高度理解价值创造的驱动因素和条件，价值评估才能真正发挥作用。相应地，在估值方法选择上，只有深刻理解了价值创造驱动因素，才有正确的价值评价方向和尺度。所以国际上 30 多年来对高新技术企业（以下简称高新类企业）的估值研究主要分为四个方面：第一，绝对估值法，也就是收益法。将现金流折现法、经济增加法等传统估值方法与高新类企业特点相融合加以研究，从衡量企业未来可能创造现金流的预期来估价，因为任何一项资产的价值都是它的期望现金流现值加总。第二，相对估值法或市场法。认为一家企业的未来的市场价值能与可比行业的可比公司平均价值指标（如利润、现金流、销售收入或者增长及账面价值）间接判断目标公司价值。相对估值法从理论上反映了市场上投资者的集体智慧和预期。第三，实物期权法。若一项资产的价值派生于其他资产的价值，资产的现金流取决于某些特定事件的发生，这些资产被称为"期权"，而它们的期望现金流现值将会低于其真实价值。由于它属于一种权利而非义务，持有者就可以选择不实施这种权利而听任期权作废。第四，用户价值法。在研究基于互联网类公司价值来源于用户规模的情况下研究采用。以下是几种高新类企业的估值模型的综述和理论研究的追溯。

一、绝对估值法

绝对估值法又称收益法，是将企业未来现金流量折成现值，确定企业价值。收益法理论来源于"效用价值论"，该理论从商品效用角度衡量企业资产价值，阐明企业价值取决于消费者对企业商品价值的认可程度。收益法主要模型有 DCF 模型与 EVA 模型。

1. 现金流折现法模型

在现金流折现法里，其中自由现金流折现法（Discounted Cash Flow，DCF）是考量初创企业价值常用的方法之一，内涵就是把企业未来特定期间内的预期现金流还原为现值。优点是通过对自由现金流的折现计算，反映了企业内在价值的本质。即企业价值的真髓是它未来盈利的能力，而盈利能力则体现为经营活动带来的现金流，理论界通常把现金流折现法作为企业价值的一般方法，在评估实践中得到大量应用，并日趋完善和成熟。缺点是计算方法较为复杂，贴现率等因素的主观假设对结果影响较大。

最初是艾尔文·费雪（Irving Fisher）在 1906 年提出一个企业的价值等于其未来产生的现金流折现加总的结果，这是企业估值的思想起源。1907 年，费雪出版了著作《利率：本质、决定及其与经济现象的关系》，该书分析了利率的本质和影响因素，深入研究了资本收入和资本价值的关系，建立了资本价值评估框架雏形，为现代公司估值理论奠定了基础。又在其著述的《资本与收入的性质》提出了资本价值论，书中阐述了资本与收入的关系及价值的来源问题。1938 年，Williams 创立未来现金流折现模型（Discounted Cash Flow，DCF），成为许多衍生估值模型的基础来源。

1958 年，默顿·米勒（Merton Miller）与弗兰克·莫迪格利亚尼（Franco Modigliani）教授在《资本成本、公司理财与投资理论》中阐明企业未来收益可用加权平均资本成本对现金流量折现估算；在 1961 年《商业杂志》（*Journal of Business*）上名为"股息政策、增长和股票的价值评估"的文章中建立的价值评估方法源自资本预算中的现值方法。并于 1963 年提出所得税状态下企业价值现金流量评估模型。1986 年美国学者拉巴波特（Alfred Rappaport）提出企业自由现金流量（Free Cash Flow of Firm，FCFF）估值模型。汤姆·科普兰（Tom Copeland）（1990）在其著作《价值评估》中，阐明 FCFF 来自企业税后净营业利润，归纳总结并提出的麦肯锡模型成为应用最广泛的计算方法。该模型根据不同的现金流和折现率，分为权益法和自由现金流量这两种评估模型。企业价值的主要驱动因素即长期的销售增长潜力和投入资本回报率（相对于资本成本），投入资本回报率（Return on Invested Capital，ROIC）是指税后营业利润除以流动资本与固定资本之和。销售增长和投入资本回报率是企业在业务层面或企业层面设定财务和绩效目标的标准。

在为初创企业进行估值时，DCF 是一种值得依赖的重要思路。Damodaan（1996）指出为更好地反映企业价值，应该使用企业税后经营现金流量的现值加总。Sunil Gupta（2004）以传统的现金流量法为基础建立一个包括网络公司的当前价值与未来价值的模型。2005 年，Hans H. Bauer、Maik Hammerschmidt 以传统的现金流量法为基础，创造性地将客户价值理论融入其中，为以后的研究者提供了一种全新的思路。但该模型只适合用于评估起步阶段、有明确客户关系及未产生盈利的公司。

针对企业的不确定性会对价值产生影响的研究视角。Maged Ali（2010）基于网络公司未来现金流的不确定性特点，采用了概率估值模型（蒙特卡罗模拟）、修正的现金流贴现模型来对网络公司的价值进行评估。Tyebjee 和 Bruno（2011）都在对互联网公司的不确定性问题以及高成长性问题的研究中，结合互联网公司本身的特点对现金流量折现模型进行了修正，但是他们的底层思维依然是基于传统现金流量法的。可以这样讲，现金流量法是最重要的也是最常用的估价方法。

2. 经济增加值法

经济增加值（Economic Value Added，EVA），指从税后净营业利润中扣除包括股权和债务的全部投入资本成本后的所得。经济增加值 EVA 是扣除所有成本后的剩余收入（Residual income），表示净营运利润与投资者将同样的资本投资于其他风险相近的项目所获得的最低回报之间的差值。该理论将公司价值定义为企业初期投资与未来价值增加量折现之和，而企业经济增加值为企业税后净营业利润扣除企业现有所有资本成本得到的余额。

经济增加值模型最早是由美国通用公司概括出来的，并且将其运用于自身企业价值评估，随后，越来越多的学者开始研究该方法相对于其他评估方法在评估企业价值的特点。1991 年美国思腾思特咨询公司（Stem Stewart & Co.）提出经济增加值理念，论述资本投入成本与盈利之间的关系，更为客观地反映企业内在价值。

其核心是资本投入是有成本的，企业的盈利只有高于其资本成本（包括股权成本和债务成本）时才会为股东创造价值。公司每年创造的经济增加值等于税后净营业利润与全部资本成本之间的差额。其中资本成本既包括债务资本的成本，也包括股本资本的成本。从计算的角度来看，EVA 等于税后经营利润减去债务和股本成本。EVA 是对真正"经济"利润的评价，或者说，是表示净营运利润与投资者用同样资本投资其他风险相近的有价证券的最低回报相比，超出或低于后者的量值。EVA 是一种评价企业经营者有效使用资本和为股东创造价值能力，体现企业最终经营目标的经营业绩考核工具。

1996 年，Grant 利用实证分析，得出了经济增加值与企业价值呈正相关关系，相比于使用会计政策得出的净利润，使用经济增加值更能准确地估量企业价值。证券分析师 Wolf（1998）利用修正的经济附加值（EVA）模型对互联网公司进行估值。该模型将公司价值划分成当前的运营价值（COV）和公司未来的发展潜力（FGV）。通过估算互联网公司未来价值的年增长率，利用对公司的预期来计算现在的财务指标。2000 年，Larry M 认为经济增加值法比传统方法评估出的企业价值更能反映出企业经营的好坏，并且合理体现企业价值。运用经济增加值对企业价值评估时，Young D（2003）提出应该从成本效益角度综合考虑不同会计项目对企业价值的影响，根据企业具体特征调整会计科目。2007 年，Anastassis D 和 Kyriazis C 采用了实证分析法分析了经济增加值指标对企业价值的影响，得出的结论是该指标能更好地反映公司经营水平，体现企业创造价值的能力。

（1）EVA 是股东衡量利润的方法。资本费用是 EVA 最突出、最重要的一个方面。在传统的会计利润条件下，大多数公司都在盈利。但是，许多公司实际上是在损害股东财富，因为所得利润是小于全部资本成本的。EVA 纠正了这个错误，并明确指出，管理人员在运用资本时，必须为资本付费，就像付工资一样。考虑到包括净资产在内的所有资本的成本，EVA 显示了一个企业在每个报表时期创造或损害的财富价值量。换句话说，EVA 是股东定义的利润。假设股东希望得到 10% 的投资回报率，他们认为只有当他们所分享的税后营运利润超出 10% 的资本金时，他们才是在"赚钱"。在此之前的任何事情，都只是为达到企业风险投资的可接受报酬的最低量而努力。

（2）EVA 使决策与股东财富一致。思腾思特企业提出了 EVA 衡量指标，帮助管理人员在决策过程中运用两条基本财务原则。第一条原则，任何公司的财务指标必须是最大限度地增加股东财富。第二条原则，一个企业的价值取决于投资者对利润是超出还是低于资本成本的预期程度。从定义上来说，EVA 的可持续性增长将会带来企业市场价值的增值。这条途径在实践中几乎对所有组织都十分有效，从刚起步的企业到大型企业都是如此。EVA 当前的绝对水平并不真正起决定性作用，重要的是 EVA 的增长，正是 EVA 的连续增长为股东财富带来连续增长。

（3）运用 EVA 可以加强企业治理机制。经济增加值的本质阐述的是企业经营产生的"经济"利润。相对于人们重视的企业"会计"利润而言，EVA 一经济增加值理念认为企业所占用股东资本也是有成本的，所以在衡量企业业绩时，必须考虑到股东资本的成本。EVA 实质是股东考核企业经营水平，进行投资决策时的最好工具，同时也是企业经营者加强公司战略、财务管理、衡量员工业绩、设定奖罚机制的最佳武器。

二、相对估值法综述

相对估价法是在市场上找出可对比的企业，选择时应考虑实际情况，综合考虑符合条件的企业对比指标，通过比较选择可比企业的各项数据，计算取舍各个数据的对比关系，最后确定需评估企业的市场价值。相对估价法是一种直接的比较方法，对收集到的企业的市场价值评估，直接参考比较或间接地参考。用于相对估值的指标可以是利润、经营现金流、EBITDA、销售收入或账面价值。该方法从理论上反映了市场上投资者的集体智慧，反映了投资者为赚取相应利润、现金流、销售收入或账面价值支付的数额。

根据比率系数的不同，经常使用的相对估价法主要有以下三种：

1. 市盈率法（P/E），也称价格/收益倍数法

它通过将股票价格除以每股收益来计算，反映了投资者对企业盈利增长的预期。根据市盈率计算并购价格的公式为：并购价格＝（P/E）×目标企业的税前或税后收益。

市盈率是所有比率中用得最多的一种。因为首先它是一个股票价格与当前公司盈利情况联系在一起的一种直观的统计比率；其次对大多数股票来说，市盈率易于计算并容易得到，这使企业之间的比较变得十分简单；最后 P/E 还能作为

企业的一些其他特征的代表（包括风险性和成长性）。但是对于收益为负数的公司，P/E 的使用就会受到限制。

2. 价格/账面值比率估价法（P/BV）

价格/账面值比率是企业资产市场价值与账面价值之比，反映了资产盈利能力与初始成本之比。其优点在于首先账面价值提供了一个对价值相对稳定和直观的度量，尤其对于那些从不相信未来现金流量折现法的投资者来说，账面价值提供了一个非常简单的标准。其次因为 P/BV 比率提供了一种合理的跨企业的比较标准，所以投资者可以比较不同行业中不同企业的 P/BV 比率来发现价值被高估或者被低估的企业。最后即使那些盈利为负数，无法使用 P/E 比率进行估价的企业也可以用 P/BV 比率来进行估价。但在 P/BV 比率中由于账面价值的度量在很大程度上取决于会计制度。

3. 价格/销售收入比率估价法（P/S）

其计算方式是股票价格除以每股销售额，适用于评估初创企业或亏损企业的价值。当下国内很多评估都使用了价格/销售收入比率，该比率有很多优势；首先它不会像 P/E 或 P/BV 因为可能变成负值而变得毫无意义，P/S 在任何时候都可以使用，甚至对于最困难的公司也是适用的；其次 P/S 由于销售收入不受折旧、存货和非经常性支出所采用的会计政策的影响，所以与利润、账面值不同，不会被人为地扩大；最后 P/S 不像 P/E 那样易变，因而对估价来说更加可靠。P/S 比率经常用来估计网络公司的价值。

三种相对估价法在不同的市场环境和企业类型中各有其应用价值和局限性。

相对估价法，是由于绝对估值法存在明显的不足之处，如计算复杂、预测值不准确等，相对估值法才得到广泛应用。以上这几种相对估价法中，初创高新类企业最常用的是市盈率法。因为市盈率的定义具备一致性，它的分子是每股的价值，而分母衡量的是每股的盈利，因而属于衡量股权盈利的尺度。1998 年证券分析师 Blodgt 认为有些互联网公司完全不适用基本面分析，一方面股票受到热捧，股价很高，另一方面公司的经营状况并不好，甚至出现连年亏损的状况。于是 Blodgt 修改传统的市盈率法，利用公司的市盈率的特点对股票价格进行修正，然后再对公司价值进行评估。他利用这个方法较为精确地估计了亚马逊公司的价值。美国投资家 Andrikopoulos 提出理论盈利倍数分析模型（Theoretical Earnings Multiple Analysis Mode）来评估业务成熟的互联网公司。该模型利用公司的营业收入增长率与营业利润率预测的盈利状况，然后再与公司当前的股价结合来计算其的市盈率。

市盈率乘数的一些变形，包括 PEG 率和相对 PE 率。各种价值乘数还有"企业价值——EBITDA"乘数。在《价值评估——证券分析、投资评估与公司理财》一书中，阿斯沃思·达蒙德理对比较标的资产价值的方法——相对估值法进行了总结归纳。具体步骤为：确定可比资产，根据某一变量（如盈利、账面价值、现金流、销售额等），借助可比资产的价值来评估标的资产价值。

相对估值法通过比较相关指标来评判公司估值水平的高低，比较对象包括同类公司及行业均值。达摩达兰（2004）认为，通过参考市场上同类可比资产的价格，可以确定某一资产的价值。他提出了两个假设：①股票市场的定价总体上是正确的，但个别定价不合理；②通过比较各种指标，可以找出不合理的定价，且这些定价会慢慢地自行修复。戴维·弗里克曼等学者把这些指标分为基本指标和相对指标，研究了他们的计算公式和特点，并进一步介绍了如何选择适宜的指标。

相对估值法通过比较类似企业进行估值。使用相对估值法，需要找到一个合理的指标对目标企业与可比企业进行比较。另外，投资者还可以根据标的企业所在的行业及类似企业的估值水平等因素来确定相关指标（如 PB）的区间，观察标的企业的估值水平在区间内的位置，从而评估目标企业的当前股价是否合理。因此，采用相对估值法，企业价值受到类似企业的估值水平以及所处行业的特点等因素的影响。相对估值法假设一家公司的市场价值可以与可比行业的可比公司平均价值指标比较利润、经营现金流、EBITDA、销售收入或账面价值。该方法从理论上反映了市场上投资者的集体智慧，反映了投资者为赚取相应利润、现金流、销售收入或账面价值而支付的数额。

相对估值法比较利润的就是 P/E 法，其使用条件是利润不能为负。对于那些业务扩张迅速但当前仍然亏损的公司（如云计算公司），由于净利润为负，可以用自由现金流 FCF 代替 E，构成 P/FCF 指标进行估值。如果 FCF 仍然为负，则可以用一定为正的销售额 S 代替，构成市销率 P/S 指标。对于许多高新技术企业来说，业务迅速扩张的同时也在不断加大投入，导致利润大幅波动或持续亏损，市销率是一个很好用的指标。

企业价值倍数法（EV/EBITDA）是一种对于某些前期投资巨大导致巨额折旧摊销扭曲盈利的高新技术企业常用的估值方法，其本质是市盈率（P/E）的变种，修正了企业折旧政策对净利润的扭曲。同时，该指标可以让不同财务结构和税收政策的公司估值进行比较，也常用于并购公司的估值。

三、实物期权法综述

关于不确定性的另一个解决方法还有实物期权法，是将初创企业的投资机会视为一种期权，考虑未来的不确定性和潜在的增长机会。比如，一家新能源初创企业，虽然当前业务规模小，但拥有多项专利技术，未来可能在市场中获得巨大成功，这种潜在的增长机会就像一个期权，增加了企业的价值。

1973 年，Black 和 Scholes 提出金融期权定价模型，这是期权定价理论具有里程碑意义的突破性成果，是全球期权市场建立的基础。Merton 发表的论文《期权理性定价理论》中系统阐述了期权定价理论与估值方式，由此奠定了期权定价理论分析基础。Cox 对 BS 模型进行了一些修正和发展。1977 年，Myers 在其著作《企业借款的决定因素》中，首次阐明实物期权（Real Options）概念，企业价值来自现有资产以及对未来投资机会的选择权。同年 S. C. Myers 首次提出了实物期权的概念，并将实物期权的概念引入企业价值分析，认为投资机会在管理上的灵活性也是企业价值的一部分，这种价值可以用看涨期权的估值方法来进行计算。企业的价值等于实物资产的价值与实物期权的价值之和，对企业的投资可以看作看涨期权。1979 年 Cox 和 Ross 建立离散时间多项式二叉树定价模型，后来又开发了三叉树、多叉树等多种离散时间模型。John Marshall 和 Jack Murrin 认为，使用实物期权法，管理者可以根据经营情况的变化及时调整决策，从而灵活地进行经营管理。2000 年，Schwartz 和 Moon 建立了基于蒙特卡罗模拟的连续时间型 S&M 模型，即基于连续时间的实物期权模型，蒙特卡罗模型是一种基于概率和统计理论的随机模拟方法。该方法将待解决的问题与特定的概率模型相关联，并通过电子计算机实现统计模拟或抽样，以获得问题的近似解。为了形象地体现这一方法的概率统计特性，故借用赌城蒙特卡罗将其命名。该模型成为实物期权模型中的第三个经典模型，并将其用于评估具有高成长性的互联网企业。2002 年 Moel 和 Tufano 拟议的实物期权方法进行了具体验证，采用现金流量折现法和实物期权法计算了 285 家公司的价值，发现实物期权法在公司价值中更为有效。Collan M（2009）在前人的基础上，使用模糊数学来对企业进行估值定价。Myers（2015）还提出相关资产的价值是由实物期权调整的净现值。

国内不少学者针对互联网公司估值使用了实物期权法。在已有的估值体系上，结合了我国互联网企业的发展特征等，认为将现金流折现模型与实物期权法相结合的方法更适合对互联网公司进行价值评估。还有学者运用实物期权方法对整个互联网行业进行估值，并试着与高新技术行业的股价做比较，对实物期权理论在互联网企业价值评估中的适用性进行了实证研究。比如针对创业板企业的特点，探讨了传统估值方法对创业板公司的不适应性，并借鉴实物期权理论中的二叉树期权定价模型，构建了离散时间的创业板公司价值评估模型。或者考虑了互联网公司中复合期权问题，提出了集成实物期权法对互联网公司价值的评估。该方法综合考虑了互联网公司未来投资项目的相互作用对公司价值的影响。郭建峰和王丹（2017）利用突变技术将公司价值分为与财务情况相关及不相关的两部分，然后使用修正的实物期权法对公司进行估值。

　　具体而言，实物期权法从控股股东的视角出发进行估值，其数学依据是看涨期权公式（$C=S-X$）与会计等式（$E=A-L$）的相似性。而其法理依据则是，股份股东以出资额为限对外承担责任（若企业在存续期末资不抵债，则企业所有人可以投资偿债，损失仅限于其初始投入的自有资本，类似于期权的权利金，而不必全额偿债——类似于期权的放弃行权）。基于这两个强大的依据，实物期权法获得了良好的理论基础和可行的计算公式，从而将金融期权的思想引入对实物资产的定价之中。从经营管理的角度而言，控股股东拥有企业资产的控制权（决策权），其管理实践影响着企业资产价值的变化，或者说企业资产价值的变化是其管理价值的体现，而企业资产价值与股东权益（实物期权）的价值呈正向关系。因此可以说，实物期权（股东权益）的价值与控股股东的管理价值（能力）存在正相关性，是控股股东管理价值（能力）的体现。换言之，根据上述分析和经营管理的实践，实物期权实质上就是资产期权。实物期权法的最大优点在于考虑了企业生产经营中的不确定性，并对管理者在应对不确定性时所拥有的选择权（管理价值）进行了定价。这样就使企业估值所考虑的因素更为全面，不但提高了投资估值的准确性，而且充分体现了管理层决策的价值。

　　实物期权价值的提出在很大程度上弥补了传统估值方法的不足，因此在当下对高新技术产业以及战略性新兴产业的价值评估中实物期权法被广泛使用。其中最为常见的估值模型主要为连续性时间模型下的 B-S 模型以及离散模型下的二叉树模型和蒙特卡罗模拟，具体如表 1-1 所示。

表 1-1　实物期权法主要模型分析

主要模型	基本原理	优点	缺点
B-S 模型	企业未来价值预测只与当前股价相关，与过去的历史数据无关	使用方便，计算准确	形式复杂，数理知识深奥难理解；假设条件较多
二叉树模型	在一定时间间隔内股票价格波动类似于树状结构只有上下两个方向，从树的末端节点可以倒算期权价值	更加直观，易于理解；模型推导简单	时间难以做到极致划分；计算复杂
蒙特卡罗模拟	通过计算机抽样法让决策者获取投资项目可能结果的完整分布情况	简单快速，省时省力	随机数选择不当将严重影响模拟结果的准确性

四、其他估值法

1. 初创互联网类公司估值的方法

初创互联网公司的一大特点就是数据的缺失。针对这一特点，大多数学者使用主观估计法或专家打分法等的方法时会受估计者个人因素影响很大，后文会有提及，其他估值法则用直接构建回归模型进行预测。有学者利用回归模型对优酷土豆公司的未来业绩进行预测。此外，部分学者使用模糊函数进行研究。比如，利用模糊理论来描述金融市场的价格波动情况，从而对上市公司的价值进行了评估，或者利用抛物线型模糊数描述股票的价格，再结合实物期权法对高新技术公司投资项目进行估值。也有学者使用数据挖掘等方法。屈晓娟和张华（2019）首先利用灰色预测模型预测了创业板公司的财务数据，其次再使用修正后的 DCF 模型对公司价值进行估计。

已有的国内外研究针对互联网公司价值估值，曾经基于传统估值方法加以用户价值法和解决不确定性方法的运用，同时也发现互联网公司比一般普通公司估值存在三个难点：①有效的公司估值需要依据过去数据对公司的未来业绩进行预判，但是，初创高新类公司有着惊人的发展速度，有些公司仅发展 4～5 年后，就开始 IPO 上市，估值时存在相关数据非常少的困难。②初创互联网公司的未来发展存在高度的不确定性和极大的风险。即使是行业内的顶尖公司也有可能在很短的时间内迅速丧失其地位，例如：乐视在短短 1 年便跌落神坛；拼多多作为一家 2015 年才上线公司，在 2016 年用户就超过 1 亿，并于 2018 年在纳斯达克上市。因此仅仅依靠较为经典的收益法很难表现出这种不确定性。③互联网公司提供的服务创新性，很难找到能够与之相类似且发展已久的公司作为参考，估值方法不适合采用市场法。由于互联网公司一般都是通过开发并占有新兴市场起家，提供的服务与传统行业有着较大的区别，很难通过市场法对其进行估值。

在 2000 年互联网泡沫破裂之后，人们意识到传统估值方法不再适用，但对于新的估值方法（如实物期权法、用户生命周期法等）却并没有达成统一的意见。因此，对互联网公司和新兴公司进行估值具有很大的不确定性，只有多种方法相结合才能确定公司的价值区域，并给予使用者一种切实可行的方法，但本文中并未加以更多案例的应用。

（1）用户价值法。数字化时代，用户对于公司的价值主要基于公司所拥有的用户数量、用户活跃度、用户忠诚度以及用户的潜在消费能力等来评估公司的价值。

首先，用户数量是一个基础指标。拥有庞大用户基数的公司往往具有更大的市场影响力和潜在商业价值。例如，社交媒体平台的用户数量众多，这为其广告业务和增值服务提供了广阔的市场空间。

其次，用户活跃度至关重要。活跃用户不仅更有可能产生消费行为，还能为公司带来更多的数据和反馈，促进产品或服务的优化。比如在线教育平台，活跃用户积极参与课程学习和互动，为平台创造了持续的收入来源。

用户忠诚度也是关键因素。忠诚的用户会持续选择公司的产品或服务，并且愿意为其推荐给他人，从而降低公司的营销成本，增加品牌价值。

最后，评估用户的潜在消费能力也不可忽视。通过分析用户的消费习惯、收入水平等因素，可以预测用户未来可能为公司带来的收益。用户价值法为公司估值提供了一种从用户角度出发的全新视角，能够更准确地反映公司在市场中的真实价值和发展潜力。

（2）梅特卡夫定律。1975 年 Metcalfe 和 Boggs 首次提出了梅特卡夫定律，该定律认为网络的价值与网络节点数的平方成正比，网络价值随着用户数量的增加而增加。梅特卡夫定律揭示了从总体上看消费方面存在效用递增，即需求创造了新的需求。还有学者发现互联网公司用户数量对互联网公司的价值产生了重大影响。通过继续观察互联网公司的股票，可以发现利用用户数量来评估互联网公司的价值进行评估是合理的。基于用户对互联网公司价值的影响，一些学者还将客户生命周期理论应用于互联网公司的估值。

（3）RFM 指标法。提到如何衡量客户价值，根据 Arthur Hughes 的研究，

RFM 主要指客户的数据中有三个非常重要的指标：最近一次消费频率（Recency）、消费频率（Frequency）、消费金额（Monetary），分别从用户的活跃度、忠诚度和消费能力角度进行评估。

RFM 中的"R"即最近一次消费频率（Recency），它反映了客户与企业最近互动的时间间隔。较短的时间间隔意味着客户活跃度较高，可能对企业的产品或服务仍有较强的兴趣和需求。"F"代表消费频率（Frequency），这一指标体现了客户的购买习惯和忠诚度。频繁消费的客户通常对企业更为依赖和信任，具有较高的忠诚度。"M"指消费金额（Monetary），从客户的消费能力角度进行评估。消费金额较高的客户往往为企业带来更多的收益，是企业的重要价值来源。通过综合分析这三个指标，企业能够更全面、深入地了解客户的价值，从而制定更有针对性的营销策略和客户关系管理策略，以提高客户满意度和企业的盈利能力。

（4）三者之间的关系。用户价值法、梅特卡夫定律和 RFM 指标在用户分析和价值评估方面都具有重要意义，但它们的侧重点有所不同。梅特卡夫定律强调网络的价值与网络节点数的平方成正比，突出了用户数量和连接的重要性。这意味着用户规模的增长会带来网络价值的快速提升。RFM 指标（Recency 最近一次消费、Frequency 消费频率、Monetary 消费金额）则侧重于从用户的消费行为角度来评估用户价值。通过分析用户最近消费的时间、消费的频率以及消费的金额，可以对用户进行分类，从而采取不同的营销策略和服务方式。用户价值法这个概念相对较为宽泛，可能综合考虑了用户的多方面因素，如用户的基本属性、行为特征、社交影响力、潜在消费能力等，以全面评估用户对企业或产品的价值贡献。

例如，对于一个电商平台，梅特卡夫定律提示平台要不断地吸引新用户以增加网络价值；RFM 指标帮助平台识别出高价值的活跃用户和可能流失的用户；而用户价值法的概念则促使平台从更宏观和综合的视角来思考如何提升用户在平台上的整体体验和价值创造。

在一个社交平台上，用户数量的增加不仅意味着更多的信息交流和分享，还可能带来更多的商业机会和创新应用，从而使平台的整体价值大幅提升。不过，用户价值法的概念可能更加综合和复杂，除用户数量，还会考虑用户的活跃度、忠诚度、消费能力等多种因素对价值的影响。

2. 其他估值法

初创期企业适用的估值方法是在企业早期阶段。初创期企业适用的估值方法还有博克斯法、风险投资前评估法（共识估值法）、风投专家评估法、风险因素汇总估算法、太极—布鲁诺指标法（Tyebjee-Bruno）和卡普兰—斯特龙伯格指标法（Kaplan-Stromberg）。

例如，风险投资前评估法就是由经验丰富的投资人或机构，根据初创企业的潜力和风险进行估值评估。这种方法避免了关于企业价值的谈判，但结果具有一定的不确定性。是当天使投资人与企业在估值上存在分歧时，先商定回报率引入投资，待下一轮投资时再反推上一轮的估值和股权占比。例如，一家生物科技初创企业，天使投资人估值300万元，企业估值500万元，双方协商先按一定回报率投资，下一轮根据新的投资估值来确定上一轮的合理估值。

这些估值方法各有优缺点，在实际应用中，通常会结合多种方法来对初创期企业进行更准确的估值。

第二章　几种估值方法在初创期企业的应用

　　不少分析者认为无法评估缺乏历史记录的那些新企业，因为它们有时甚至尚无可出售的产品或者是服务，更不要说企业利润了。其实虽然评估年轻企业要比评估成型企业更加不易，但估值的基本内核却并没有改变。新创企业的价值同样也等于它们的预期经营性现金流现值，当然，这些预期现金流是需要投资人通过非传统的信息来源去发掘的。

　　实施成熟企业估值时，一般要从三个来源提取信息：第一是企业当期的财务报表，可用于判断企业目前的盈利状况，如企业为了未来的增长作了多少投资和再投资，以及估值过程所需要的其他信息。第二是从盈利和股价角度分析企业的历史。有关盈利和销售额的历史记录有助于评估者判断周期性企业的现有状况和已经展现的增长率，而企业股价方面的记录则可帮助评估者衡量其风险。第三是企业的竞争者或者同业公司群体。这一类信息可判断目标企业究竟是优于还是劣于竞争者。除上述三类外，还可以估算有关风险、增长率和现金流的关键数据。对分析者来说，最为理想的是能够从所有前三个来源获得大量的信息。倘若别无选择就需以更多的某类信息去弥补其他类型信息的不足。

　　然而，在评估某些非上市企业，尤其是处在新兴行业的高新类企业，评估时很大概率会遇到信息制约。因为，第一，这些企业成立通常不过一两年，历史极为短暂；第二，它们目前的财务报表没有披露其资产结构，从而难以了解构成其价值最大来源的预期增长率；第三，这些企业大多属于行业先行者，缺乏可以比较的竞争者或同业企业群体。因此，在评估这些企业时在信息来源上就会受制于这三点。所以，有些投资者认为，传统模型无法对这些企业进行估值，需要另辟蹊径。凭借着有限的信息，已经有很多人极力尝试各种独特的方式以评估这些企业的价值。其实，有时候也许可以使用收益类模型对这些企业进行估值，因为企业的价值依然是出自其资产预估的现金流现值，当然估算这些预期性现金流极其不易。

第一节 绝对估值法的应用

一、自由现金流折现模型（DCF）

现金流折现法是基础的企业估值方法，因其应用广泛，而被认为是价值评估领域最有成效的模型。该方法的主要思想为，一项资产现在的价格是其带来的所有未来收入的现值之和。常用模型有股利折现模型（DDM）和自由现金流折现模型（DCF）两种，其中，股利折现模型预测的是目标上市企业未来盈利能力即股利，再按一定收益率折算出目标上市企业的内在价值，认为股价就是股利折现之和。但初创类企业就只适用自由现金流折现模型（DCF），即资产的内在价值是由持有资产人在未来时期接受的现金流所决定的。企业的自由现金流即可供企业自由支配的现金流量，具体为企业净经营性利润及相关的营运支出和资本性支出；然后把一些非现金支出项目加回。在自由现金流折现模型中，股权自由现金流（FCFE）和自由现金流（FCFF）的最大区别就是：前者只是企业股权拥有者（股东）可分配的最大自由现金额；后者是企业股东及债权人可供分配的最大自由现金额。因此，FCFE 要在 FCFF 的基础上减去供债权人分配的现金（利息支出费用等）。

由这个定义出发，可以推导出现金流贴现模型，特别是假设无限期持有后，内在价值等于未来各期现金流的贴现值累计之和。

FCFE = 净收益 + 折旧 − 资本性支出 − 净营运资本追加额 − 债务本金偿还 + 新发行债务

自由现金流贴现模型的永续增长模型公式为式（2-1）：

$$P_0 = \frac{FCFE_1}{r-g} \tag{2-1}$$

式中，P_0 为公司价值；$FCFF_1$ 为下一年预期的 $FCFF$；r 为资本成本；g 为

$FCFF$ 的后续期永久增长率。

本书假设企业处于稳定状态，即企业必须具备其他维持稳定增长所需的条件，企业的资本性支出也不能远远大于折旧额，资产须具有市场平均风险，即 β 约为1。根据资本资产定价模型 $CAPM$，企业的股票收益率和市场平均收益率应具有线性相关，可以使用企业的股票收益率对市场平均收益率做回归，从而得到系数 β。

考虑到企业股东及债权人可供分配的最大自由现金额的 $FCFF$，$FCFF$ 公式为式（2-2）：

$$FCFF = EBIT（1-税率）+折旧-资本性支出-净营运资本追加额 \qquad (2-2)$$

企业的价值为式（2-3）：

$$P_0 = FCFE_1 / （WACC-g_n） \qquad (2-3)$$

式中，P_0 为公司价值；$FCFF_1$ 为下一年预期的 $FCFF$；$WACC$ 为资本加权平均成本；g_n 为 $FCFF$ 的后续期永久增长率。

其中，企业的加权资本成本为企业获得资本的成本，包括资本融资与债务融资两个部分，一般可作为估值时的折现率使用，公式为式（2-4）：

$$WACC = K_d \cdot （1-\tau） \cdot \frac{D}{S+D} + K_s \cdot \frac{D}{D+S} \qquad (2-4)$$

式中，τ 为公司所得税率，K_d 为债务成本，D 为债务总额，S 为权益资本总额，K_s 为资本成本，公式为式（2-5）：

$$K_s = R_f + （R_m - R_f） \beta \qquad (2-5)$$

综上所述，现金流折现法有三个关键步骤：确定未来直到企业进入稳定成长阶段的时间以及自由现金流；估算企业终值，终值日起企业进入稳定成长阶段；计算折现率，其中 FCFE 的折现率是通过 CAMP 确定的 r 来进行折现，FCFF 的折现率是 WACC。

FCFF 和 FCFE 的差别主要来自债务有关的现金流，包括利息支出、本金偿还、新债发行以及其他非普通股权益现金流。处于最优债务水平下的企业，使用债务和股权组合对资本性支出和追加的营运资本进行融资；而通过发行新债来归还旧债本金的企业，其 FCFF 将大于 FCFE。

1. 自由现金流折现模型（DCF）的限制条件

初创企业可以使用自由现金流折现模型（DCF），只要有企业股权拥有者（股东）可分配的最大自由现金额，或者企业股东及债权人可供分配的最大自由现金额。但模型中使用的增长率 g 必然是合理的，即小于包含风险的折现率 r，它与企业所处的宏观经济环境的发展速度有关系，通常企业的稳定增长率不会超过其所处的宏观经济增长率1个百分点。FCFF 模型是企业处于稳定状态的假设，企业必须具备其他维持稳定增长所需的条件。要能够实现稳定增长须具备下面两个特征：①折旧能够完全弥补资本性支出；②股票的 β 为1，如果应用其他模型来估计企业的股权资本成本，那么其结果与市场全部股票的平均股权资本成本相接近。

2. 自由现金流折现模型（DCF）的适用范围

FCFE 模型非常适用于那些增长率等于或者稍低于名义经济增长率的企业，但是倾向于企业处于稳定增长阶段。具有很高的财务杠杆比率或财务杠杆比例正在发生变化的企业尤其适用于 FCFF 方法进行估值，因为偿还债务导致了波动性，计算这些企业的股权自由现金流（FCFE）是相当困难的。并且，因为股权价值只是企业总价值的一部分，所以它对增长率和风险的假设更为敏感。此外，FCFF 模型在杠杆收购中能够提供最为准确的价值估计值，因为被杠杆收购的企业最开始会有很高的财务杠杆比例，但在随后几年预期原负债比率会大幅度地改变。

使用股权自由现金流的一个最大问题是股权现金流经常出现负值，特别是那些具有周期性或很高财务杠杆比例的企业。由于 FCFF 是债务偿还前现金流，不太可能是负值，从而最大限度地避免了估值中的尴尬局面。需要注意的是，如果使用 FCFF 方法对企业股权进行估值，就要求债务要么以公平的价格在市场上交易，要么已经根据最新的利率和债务的风险进行了明确的估值。

绝对估值法的理论基础很好，但其实用性却存在不足，这是因为它们对于折现率都过于敏感，折现率的小幅变化会导致估值结果的大幅偏差。虽然学术界对折现率的确定进行了大量研究，如提出了 CAPM 和 APT 等折现率的计算方法，但对于这些方法的实际应用，人们仍有许多不同的看法。

二、经济增加值法（EVA）

经济增加值（Economic Value Added，EVA）是税后净营业利润中扣除包括股权和债务的全部投入资本成本后的所得，EVA 衡量的是一项或者一组投资所创造的超额价值金额。其计算反映的是企业扣除包括股权在内的所有资本成本之后的沉淀利润，而在计算会计利润的过程中没有扣除资本成本。EVA 是对真正

"经济"利润的评价，或者说，是表示净营运利润与投资者用同样资本投资其他风险相近的有价证券的最低回报相比，超出或低于后者的量值。

EVA 的核心思想是企业的盈利只有在高于其全部资本成本时才能真正为股东创造价值，即资本投入是有成本的，企业的盈利只有高于其资本成本（包括股权成本和债务成本）时才会为股东创造价值。其优点在于它综合考虑了企业的资本成本，能够更准确地反映企业的经营效益和价值创造。它促使企业管理层更加注重资本的有效利用，优化资源配置，避免盲目追求规模扩张而忽视了资本的效益。通过使用 EVA 进行绩效评估，企业可以更清晰地了解各个业务部门或项目的价值贡献，从而做出更明智的投资决策和资源分配。

1. 经济增加值的确定

企业每年创造的经济增加值等于税后净营业利润与全部资本成本之间的差额。其中，资本成本既包括债务资本的成本，也包括股权资本的成本。股权资本的成本指的是持股人投资 A 公司的同时所放弃的将该资本投资其他公司的机会，属于机会成本，而非会计成本。EVA 是一种评价企业经营者有效使用资本和为股东创造价值的能力，是体现企业最终经营目标的经营业绩考核工具。计算方法是税后净营业利润减去资本成本（包括债务资本成本和股权资本成本）。

公式计算如式（2-6）、式（2-7）：

$$EVA = NOPAT - WACC \times TC \tag{2-6}$$

$EVA =$ 税后净营业利润 $-$ 资本总成本 $=$ 税后净营业利润 $-$ 资本总额 $\times$ 加权平均资本成本 $\tag{2-7}$

其中，$NOPAT$ 为企业税后净营业利润，$WACC$ 为资本加权平均成本，TC 为资本总额。

（1）税后净营业利润是指通过利用财务报表中的数据，在净利润基础之上调整一些会计科目，进而体现企业的真实盈利水平。之所以调整会计科目，是因为财务报表中的数据并不能真实地反映企业的现状，与现实经济状况会存在不相符的情况。有些会计科目对企业价值产生提升作用，却被扣除了，所以要加上；而有的会计科目对企业价值没有影响，应该被扣除。所以通过会计准则计算出的利润数额，并不一定真实地体现出企业的价值。因此，根据企业经营的实际状况对某些会计科目调整，也能够降低管理者对利润的操纵，从而对企业价值进行合理的评估。

（2）资本总额是指企业的各投资主体投入企业，由企业自由支配用于经营使用的所有资本金，该资本金不仅包括股权资本，还包括债务资本。

（3）加权平均资本成本（WACC）。经济增加值模型体现出企业整体价值，因此，折现率应该反映出整体价值的折现，包括股权折现率和债务折现率，可利用 WACC 计算企业的折现率。

WACC 是以各项资本（债务资本和权益资本）在企业总资本中的比重为权数，对各项资本成本进行加权平均计算而得的资本总成本。权益资本成本根据资本资产定价模型求取；债务资本成本根据企业长短期债务不同的资本成本率和比率求得。其计算公式为式（2-8）：

$$WACC = \frac{D}{D+S} \times K_d \times (1-T) + \frac{S}{D+S} \times K_e \qquad (2-8)$$

式中，K_d 为债务资本成本；S 为权益成本；K_e 为权益资本成本；D 为债务资本；T 为所得税税率。$K_e = r_f + \beta \times (r_m - r_f)$，其中，$r_f$ 为无风险利率；r_m 为市场预期回报；β 系数为股票对市场敏感度。

企业存在长期债务和短期债务，债务资本成本（d）根据长短期债务不同的资本成本率和比率求得。

经济增加值体现的是，超过资本成本的投资回报才能够更好地体现企业每年的经营状况和创造能力。在满足股东、债权人所要求的必要收益率之后，剩余收益即为经济增加值。若经济增加值大于零，表明企业的盈利大于资本成本，才会为股东创造财富，增加企业价值，从而促进公司的发展；若经济增加值小于零，此时企业盈利不能满足资金成本，会降低股东价值和企业价值，此时企业会慎重地进行再投资，并调整运营模式和资本结构，以获得投资，提高自身的实力。

2. 经济增加值、净现值和贴现现金流估价法

根据传统的企业金融理论，进行投资分析的基础之一是净现值法则。项目的净现值（NPV）体现的是扣除任何投资需要之后的预期现金流现值，故而能够衡量项目的超额价值。因此，投资于净现值为正的项目可以增进公司价值，而投资于净现值为负的项目则会损耗其价值。经济增加值是对净现值法则的某种直接推广，因为项目的净现值也就是它在长期内的经济增加值现值。

$$NPV = \sum_{t=1}^{t=n} \frac{EVA_t}{(1 + k_c)} \qquad (2-9)$$

式中，假设项目的期限为 n 年，EVA_t 为项目在第 t 年的经济增加值。EVA 与 NPV 的这种关系使我们可以将公司价值与公司经济增加值相联系。为了把握这一

点，先直接根据现有资产价值和预期未来增长值表示公司的价值：

公司价值=现有资产价值+预期未来增长值　　　　　　　　　　　　（2-10）

根据贴现现金流模型，可将现有资产价值和预期未来增长值表示成每个因素所创造的净现值：

$$公司价值 = 投入资本_{现有资产} + NPV_{现有资产} + \sum_{t=1}^{t=\infty} NPV_{未来项目,\,t} \qquad (2\text{-}11)$$

再将前面根据 EVA 所表述的净现值代入式（2-11），就可得到：

$$公司价值 = 投入资本_{现有资产} + \sum_{t=1}^{t=\infty} \frac{EVA_{t,\,现有资产}}{(1+k_c)^t} + \sum_{t=1}^{t=\infty} \frac{EVA_{t,\,未来项目}}{(1+k_c)^t} \qquad (2\text{-}12)$$

因此，我们可以把公司价值表示为三个因素之和，即对于现有资产的投资额、由这些资产所带来的 EVA 现值，以及未来投资的 EVA 现值。

【案例】DCF 值和 EVA

以一家在现有资产上已经投入 1 亿美元的公司为例，假设它具有下列特征：

现有资产的税后收入为 1500 万美元；资本报酬率为 15%，并且预计可以一直延续，资本成本为 10%。

在今后五年的每年年初，预计公司均会作出 1000 万美元的新投资，它们也可获得 15% 的资本报酬率，而资本成本将一直保持在 10%。

五年之后，公司仍会继续进行投资，盈利的年增长率为 5%，但新投资的资本报酬率只有 10%，它也就是资本成本。

预计所有资产和投资都无限期。因此，现有资产和在前五年所做投资在每年将获得 15% 的盈利而不会增长。

使用 EVA 法可对公司作下列估价：

现有资产的投资＝100+

出自在位资产的 EVA＝（0.15-0.10）（100）/0.10　　　　　　　　　50+

出自第 1 年新投资的 EVA 现值＝[（0.15-0.10）（10）/0.10]　　　　　5+

出自第 2 年新投资的 EVA 现值＝[（0.15-0.10）（10）/0.10]/1.1　　　4.55+

出自第 3 年新投资的 EVA 现值＝[（0.15-0.10）（10）/0.10]/1.1²　　　4.13+

出自第 4 年新投资的 EVA 现值＝[（0.15-0.10）（10）/0.10]/1.1³　　　3.76+

出自第 5 年新投资的 EVA 现值＝[（0.15-0.10）（10）/0.10]/1.1⁴　　　3.42

公司价值　　　　　　　　　　　　　　　　　　　　　　　　　170.85

需要注意的是，在计算上述现值时，我们假设投资现金流具备永久性，而投资均发生在各年年初。再者，我们运用了资本成本而将未来年份所做投资的经济增加值贴现到当期。例如，对于在第 2 年年初所做投资的经济增加值现值再实施一年的逆向贴现。针对 170.85 百万美元的公司价值，我们可用前述公式作如下表述：

$$公司价值 = 投入资本_{现有资产} + \sum_{t=1}^{t=\infty} \frac{EVA_{t,\ 现有资产}}{(1 + k_c)^t} + \sum_{t=1}^{t=\infty} \frac{EVA_{t,\ 未来项目}}{(1 + k_c)^t}$$

170.85 百万美元 = 100 百万美元 + 50 百万美元 + 20.85 百万美元

因此，现有资产价值为 150 百万美元，未来增长机会的价值是 20.85 百万美元。阐述这些结果的另一种方式是使用市场增加值（MVA）。在本案例中，MVA是公司价值（170.85 百万美元）减去投入资本（100 百万美元）得到的差额，即 70.85 百万美元。这一价值只有在资本报酬率大于资本成本时才会为正，并随着差额的加大而增加；若是资本报酬率低于资本成本，该数字就将为负。

需要指出的是，该公司的经济还在继续增长，而且在 5 年之后仍将做出投资。由于这些边际投资只能赢得资本成本，它们无法增添价值，这就确凿无误地表明，创造价值的并不是增长本身，而是与超额报酬相关的增长。这一点为我们注重增长的质量提供了新的启示。公司若是以某种稳妥的比率提高经营性收入，但其途径却是以等于甚至低于资本成本的方式做出大量投资，那么就无法创造价值，甚至可能会损耗价值。我们还可运用贴现现金流估价法对该公司进行估价，即运用等于 10% 的资本成本对公司自由现金流进行贴现。表 2-1 显示了预期自由现金流和公司价值。

表 2-1 预期自由现金流和公司价值

单位：百万美元

	0	1	2	3	4	5	终端年份
出自现有资产的 EBIT（1−t）	0.00	15.00	15.00	15.00	15.00	15.00	
出自第 1 年投资的 EBIT（1−t）		1.50	1.50	1.50	1.50	1.50	
出自第 2 年投资的 EBIT（1−t）			1.50	1.50	1.50	1.50	
出自第 3 年投资的 EBIT（1−t）				1.50	1.50	1.50	
出自第 4 年投资的 EBIT（1−t）					1.50	1.50	
出自第 5 年投资的 EBIT（1−t）						1.50	
EBIT（1−t）总值		16.50	18.00	19.50	21.00	22.50	23.63

	0	1	2	3	4	5	终端年份
一净资本支出	10.00	10.00	10.00	10.00	10.00	10.00	10.00
FCFF		6.50	8.00	9.50	11.00	11.25	11.81
FCFF 现值	-10	5.91	6.61	7.14	7.51	6.99	
终端价值						236.25	
终端价值现值						146.69	
公司价值	170.85						
资本报酬率	15%	15%	15%	15%	15%	15%	15%
资本成本	10%	10%	10%	10%	10%	10%	10%

从上述估价过程便可看出：

各项资本支出均发生在每年的年初，故而体现的是前一年的情况。第1年的10百万美元投资额体现的是第0年，第2年的投资则体现的是第1年，等等。

在第5年，为了计算维持增长所需要的净投资额，我们运用了两个假设条件：第5年之后的经营性盈利年增长率为5%；从第6年开始，各项新投资的资本报酬率均等于10%（显示在第5年）。

$$净投资 = [EBIT_6(1-t) - EBIT_5(1-t)]/ROC_6$$
$$= (23.625 - 22.50)/0.10 = 11.25 \text{ 百万美元}$$

用资本成本对公司自由现金流进行贴现，得出的公司价值为170.85百万美元，也就是使用EVA方法所得出的价值。

EVA的计算存在一定的复杂性，需要准确确定各项成本和参数。并且，它对于非财务因素的考量相对较少，可能无法全面反映企业的长期发展潜力和综合竞争力。尽管如此，经济增加值法（EVA）在企业管理和价值评估中仍然具有重要的应用价值，为企业提升经营效率和创造股东价值提供了有力的工具和有效的思路。

经济增加值的计算由于各国（地区）的会计制度和资本市场现状存在差异，经济增加值的计算方法也不尽相同。主要的困难与差别在于：

一是在计算税后净营业利润和投入资本总额时需要对某些会计报表科目的处理方法进行调整，以消除根据会计准则编制的财务报表对企业真实情况的扭曲；二是资本成本的确定需要参考资本市场的历史数据。

（1）经济增加值法（EVA）的会计项目调整。根据国内的会计制度并结合国外经验，经济增加值法的会计项目调整如下：

1）会计调整。即经济增加值法的会计项目调整。从现有的研究中可以了解到，在计算经济增加值时，可能会调整一百多项会计科目，虽然调整的数量越多得到的结果越准确，但是也会增加工作量和增大难度。在实际运用中，一般调整的原则是根据被评估企业性质，结合成本效益，综合考虑调整的复杂程度和结果的准确度，确定调整科目，通常控制在 5 项到 10 项，这样就能达到较为理想的调整效果。本书依据重要性原则和可理解性原则，对下列各项目做出调整：

①研发费用。企业重大的研发投资可以提高企业无形资产价值，应当加回，并采用年限平均法在四年内摊销；同时也对资本投入总额进行调整。

②广告宣传费用。广告宣传费用可以提高公司的认知度，增加企业产品的销量，提高企业的利润额，为企业创造更多的现金流，让企业健康稳定地发展，因此，在计算时要加回。广告费和宣传费同样采取年限平均法在年限内摊销。

③财务费用的调整。企业进行债务融资时会产生利息费用，而利息费用作为债务资金使用的成本，是财务费用的一部分，在进行经济增加值计算时已经进行扣除，因此，在调整税后经营净利润时应该将利息费用加回。

④非经常性损益。对于营业外收支、投资收益、政府财政补助等非经常性损益，由于这部分数值与企业的经营业务都没有任何关联，不能体现出企业真实的盈利水平，因此在计算经济增加值时剔除非经常性损益对企业价值产生的影响。

⑤各项准备金。该部分数值的产生主要是对企业各项资产计提的减值准备，因为我国会计准则规定了应定期检查各项资产是否发生减值，如果存在减值迹象，则需要计提减值准备，如存货跌价准备等。但这些准备金并不是企业该年度发生的真实亏损，并不会立即降低企业实际资产，因此需要进行调整。

⑥递延所得税。因为税收和会计政策的差异，导致递延所得税的产生。但由于该数值并不影响企业的资产和负债总额，所以应调整递延所得税资产、递延所得税负债的数值。

⑦金融资产。只在资本总额中扣除该项目。由于该项目与企业日常运营活动并未产生关联，不会直接产生盈利，无法体现企业真实的业绩水平，通过调整该数值，可以减少经营者对公司非日常经营活动的关注。

⑧在建工程。在建工程主要指的是企业基建等在建工程所产生的价值。在建工程并不会对企业的盈利产生影响，所以在测算经济增加值时，需要将它在资产总额中扣减。

2）资本成本率计算。

加权平均资本成本＝债务资本成本率×债务资本/（股权资本+债务资本）×（1−税率）+股权资本成本率×〔股权资本/（股权资本+债务资本）〕　　（2−13）

3）债务资本成本率计算。一般而言，债务资本成本率都是按照3~5年期中长期银行贷款基准利率来计算的。

4）股权资本成本率计算。股权资本成本率＝无风险收益率+β系数×（市场风险溢价），即：

$$r_{equity} = rf + beta \times MRP \qquad\qquad (2-14)$$

5）无风险收益率计算。CAPM模型中的无风险收益率可参考上海证券交易所交易的当年最长期的国债年收益率，市场风险溢价按4%计算。

6）β系数计算。β系数β值可通过公司股票收益率对同期股票市场指数（上证综指）的收益率回归计算，也可以从各大投资银行或证券机构处获取。

（2）经济增加值法（EVA）的作用。

1）衡量利润。资本费用是EVA最突出、最重要的一个方面。在传统的会计利润条件下，大多数企业都在盈利。但是，许多企业实际上是在损害股东财富，因为其所得利润小于了全部资本成本。经济增加值要求考虑包括股权和债务在内所有资本的成本，管理人员在运用资本时，必须为资本付费，就像付工资一样。这一资本费用的概念令管理者更为勤勉，使管理者作出更明智的利用资本迎接挑战、创造竞争力的决策。考虑到包括净资产在内的所有资本的成本，EVA显示了一个企业在每个报表时期创造或损害的财富价值量。换句话说，EVA是股东定义的利润。假设股东希望得到10%的投资回报率，他们认为只有当他们所分享的税后营运利润超出10%的资本金的时候，他们才是在"赚钱"，在此之前的任何事情，都只是为达到企业风险投资的可接受报酬的最低量而努力。考虑资本费用仅是第一步。经济增加值还纠正了误导管理人员的会计曲解。

2）使决策与股东财富增加相一致。在现行会计方法下，管理者在创新发展及建立品牌方面的努力将降低利润，这使他们盲目扩大生产、促进销售以提高账面利润，管理者提高财务杠杆以粉饰账面的投资收益，至于公司体制的升级更新就无从谈起了。EVA衡量指标提供了更好的业绩评估标准，帮助管理人员在决策过程中有效地运用两条基本财务原则：第一条原则，任何企业的财务指标必须是最大限度地增加股东财富；第二条原则，一家企业的价值取决于投资者对利润是超出还是低于资本成本的预期程度。从定义上来说，EVA的可持续性增长将会带来企业市场价值的增值。这条途径在实践中几乎对所有组织有效。EVA的当前的绝对水平并不真正起决定性作用，重要的是 EVA 的增长，正是 EVA 的连续增长为股东财富带来了连续增长。EVA 可根据客户需要制定明确的经济增加值计算方法，通常只对 5~15 个具体科目进行调整。基于这一定制的经济增加值衡量标准，管理人员就不能再做虚增账面利润，也能更自如地进行进取性投资以获得长期回报。

（3）经济增加值法（EVA）的缺陷。

1）历史局限性。EVA 指标属于短期财务指标，虽然采用 EVA 能有效防止管理者的短期行为，但管理者在企业都有一定的任期，为了自身的利益，他们可能只关心任期内各年的 EVA，然而股东财富最大化依赖于未来各期企业创造的经济增加值。若仅仅以实现的经济增加值作为业绩评定指标，企业管理者从自身利益出发，会对保持或扩大市场份额、降低单位产品成本以及进行必要的研发项目投资缺乏积极性，而这些举措正是保证企业未来经济增加值持续增长的关键因素。从这个角度来看，市场份额、单位产品成本、研发项目投资是企业的价值驱动因素，是衡量企业业绩的"超前"指标。因此，在评价企业管理者经营业绩及确定他们的报酬时，不但要考虑当前的 EVA 指标，还要考虑这些"超前"指标，这样才能激励管理者将自己的决策行为与股东的利益保持一致。同样，当利用 EVA 进行证券分析时，也要充分考虑影响该企业未来 EVA 增长势头的这些"超前"指标，从而尽可能准确地评估出股票的投资价值。

2）信息含量。在采用 EVA 进行业绩评价时，EVA 系统对非财务信息重视不够，不能提供像产品、员工、客户以及创新等方面的非财务信息。在企业管理中，可以将 EVA 指标与其他计分卡指标相融合创立一种新型的"EVA 综合计分卡"。通过对 EVA 指标的分解和敏感性分析，可以找出对 EVA 影响较大的指标，从而将其他关键的财务指标和非财务指标与 EVA 这一企业价值的衡量标准紧密地联系在一起，形成一条贯穿企业各个方面及层次的因果链，以提高管理能力。EVA 可以被置于综合计分卡的顶端，作为平衡计分卡中因果链的最终环节，企业发展战略和经营优势都是为实现 EVA 增长而服务的。其中以 EVA 增长作为企业首要目标和成功标准。在这一目标下，企业及各部门的商业计划不再"特立独行"，而是必须融入提升 EVA 的进程中，EVA 就像计分卡上的指南针，其他所有战略和指标都围绕其运行。

3）形成原因。EVA 指标属于一种经营评价法，反映的是企业的经营情况，仅关注企业当期的经营情况，没有反映出市场对企业整个未来经营收益预测的修正。在短期内，公司市值会受到很多经营业绩以外因素的影响，包括宏观经济状况、行业状况、资本市场的资金供给状况和许多其他因素。在这种情况下，如果仅考虑EVA指标，有时候会失之偏颇。如果将股票价格评价与EVA指标结合起来，就会比较准确地反映出公司经营业绩以及其发展前景。首先，采用EVA指标后，对经营业绩的评价更能反映企业的实际经营情况，也就是股价更加能够反映企业的实际情况。其次，两者相结合，能够有效地将经营评价法和市场评价有机地结合起来，准确反映高层管理人员的经营业绩。

（4）经济增加值法（EVA）的特性。经济增加值（EVA）与其他衡量经营业绩的指标相比，有两个特点：一是剔除了所有成本。EVA不仅像会计利润一样扣除了债权成本，而且还扣除了股权资本成本。二是尽量剔除会计失真的影响。传统的评价指标如会计收益都存在某种程度的会计失真，从而歪曲了企业的真实经营业绩。经济增加值（EVA）则对会计信息进行必要的调整，消除了传统会计的稳健性原则所导致的会计数据不合理现象，使调整后的数据更接近现金流，更能反映企业的真实业绩。因此，经济增加值（EVA）更真实、客观地反映了企业真正的经营业绩。

然而，EVA不能简单地追求数量上的越多越好，而应该是质量约束下的越高越好。经济增加值的质量主要体现在：结构质量，即构成中的经营性经济增加值要占到75%以上；投入质量，即投入资本要占到总资产的65%以上；效率质量，即投入资本产出的经济增加值越高越有效率；增长质量，即当期比前期越来越好。

（5）EVA经济增加值与FCFF自由现金流量的比较。

1）二者都是企业价值评估中常用的方法，但在原理、计算和应用方面存在差异。EVA估值法侧重于衡量企业在扣除资本成本后为股东创造的价值增值。它通过计算企业的税后净营业利润减去资本成本来确定经济增加值。EVA强调了资本成本的重要性，促使企业更有效地利用资本。其优点在于能够直接反映企业经营活动对股东价值的贡献，并且与企业的财务报表联系较为紧密，数据相对容易获取。然而，EVA对会计调整的要求较高，且可能受到短期因素的影响。

FCFF估值法则是通过预测企业未来的自由现金流量，并将其折现到当前来确定企业价值。自由现金流量是指企业在满足了再投资需求后可自由分配给股东和债权人的现金流量。这种方法更注重企业长期的现金创造能力和可持续发展潜力。FCFF 能够全面考虑企业的整体价值，包括债务和股权价值，但计算过程相对复杂，对未来现金流的预测准确度要求较高。

在应用方面，EVA 估值法更适用于评估企业某一特定时期的经营绩效，对企业内部管理和绩效评估有较好的指导作用。而 FCFF 估值法通常在企业并购、战略投资等重大决策中被广泛应用，更适合评估企业的整体价值和长期投资价值。

2）EVA 估值法优于 FCFF 估值法之处。EVA 估值法相较于 FCFF 估值法具有一些显著的优势。

首先，EVA 估值法更注重对资本成本的考量。它明确将权益资本成本纳入计算，促使企业管理者更加重视资本的使用效率，避免盲目扩张和资源浪费。FCFF 估值法难以通过对实际和预计的现金流量的比较来跟踪和了解企业经营期投资资本的情况，任何一年的固定资产与流动资金方面的随意投资都会影响现金流量及折现值，管理者很容易只是为了改善某一年的现金流量而推迟投资，使企业长期价值创造遭受损失。而 EVA 估值法不考虑前后年度资本随意投资额的大小，仅确定单一时期的预计 EVA，并可以同实际产生的 EVA 对比分析，以弥补 FCFF 估值法的不足，有与企业价值相关联又便于对价值实效计算考核的双重优点。

其次，EVA 能够更直接地反映企业为股东创造的价值。因为它衡量的是企业经营利润扣除全部资本成本后的剩余部分，更精准地体现了企业的盈利能力和价值创造能力。EVA 对于了解企业在任何单一年份的经营情况来说，是一个有效的衡量方法，而 FCFF 却做不到。

最后，EVA 估值法对企业的经营决策具有更强的指导作用。通过对 EVA 的分析，企业能够清晰地了解哪些业务或项目在真正创造价值，从而优化资源配置，提高整体价值。相比之下，FCFF 估值法虽然考虑了企业的现金流，但在反映资本成本和价值创造的直接性方面稍显不足。

所以，EVA 估值法在某些方面优于 FCFF 估值法，为企业的价值评估和管理决策提供了更有力的工具。

第二节　相对估值法的应用

市场法，即对比法、相对估值法，是通过将案例企业与其他价值已经被广泛认可的类似企业作比较的方法；是建立在对市场上类似资产进行估值的基础上，对资产所作的估值；是指选择与目标企业相似的参照企业，经过比较分析与量化差异，调整修正参照企业的市场价值，从而推算出目标企业市场价值的评估方法。

市场法应用的原理是市场替代原则，在市场上寻找与被评估资产相同或相似的参照物，分析其与被评估资产的异同点，修正参照物的交易价格，从而得出被评估资产价值。当市场出现同等功能的替代品时，正常投资者愿意付出购买资产的金额不会比它高。对企业价值的评估适用市场法主要考虑两点：一是要有足够多的比较案例；二是比较案例资料真实有效。

市场法的优点是所需要的数据易于从市场获得，方便估算企业的价值，并能够综合反映公司的盈利能力。也因为如此，其适用范围受到了限制，只有存在活跃的交易市场，并且市场上可比交易案例信息足够完善，所需的数据资料比较齐全，才能很好地应用。在资本市场尚未完善、重要数据不完全的情形下，就会降低该方法评估的准确性。

市场法理论来源于Marshall提出的"均衡价格理论"，该理论认为商品供需状况决定其商品价值，市场供需力量博弈的结果决定着市场均衡价格。在实践中，常用模型有市盈率（PE）与市净率（PB）模型。

相对估价法有两个组成部分：第一部分是在相对的基础上评估资产，价格必须获得标准化，常常通过把价格转换成盈利、账面价值和销售额的各种乘数计算。第二部分是找到相似的公司。没有两家公司是完全相同的，即便是从事同一种业务，公司在风险、增长潜力和现金流等方面仍会相异。因此，在比较公司的定价时，如何把握住这些差异很关键。

相对估价法的优点是使用方便，但是容易忽略市场短期因素对公司价值的影响。首先，借助把某个乘数和一组可比公司放在一起，人们很容易拼凑出相对估价方式。但是，由于忽视了诸如风险、增长率和潜在现金流等关键变量，这种做法会产生自相矛盾的价值估算。其次，乘数体现了市场倾向这一点还意味着，相对估价法估算资产价值往往会导致估值偏差。如果所参照的对标公司估价过高或者过低时，目标公司也因此而被高估或者低估。最后，虽然任何估价法都存在一定的偏差，由于缺乏透明度，相对估价法的基本假设条件使它们尤其易于受到操控。如果让带有偏见的分析者自行选择作为估价依据的乘数和可比公司，那就可以推断，几乎所有的价值都能得到证明。市场的短期波动和非理性因素可能影响估值的准确性。此外，该方法无法充分考虑企业的独特性和内在价值，对于一些特殊行业或处于特殊发展阶段的企业，可能会产生偏差。

在使用相对估值法时，需要综合考虑多种因素，结合企业的具体情况和行业特点，同时参考其他估值方法，以获得更准确和更可靠的估值结果（见图2-1）。

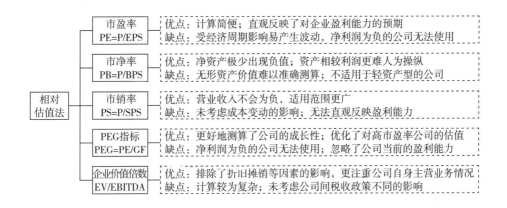

图2-1 相对估值法的分类

因为相对估值法是使用相应的价值比率（乘数）进行对比，并最终以此为基础评估出被评估企业的价值，所以其适用需要有几个前提：

（1）必须有一个充分发展、活跃的资本市场；

（2）存在相同或类似的参照物；

（3）参照物与评估对象的价值影响因素明确，可以量化，相关资料可以收集。

如果找到可比公司，标的公司的市值 MV_T 可表示为式（2-15）：

$$MV_T = VI_T \times \frac{MV_C}{VI_C} \tag{2-15}$$

其中，MV_C 为可比公司 C 的市场价值，VI_C 为可比公司 C 的价值指标，VI_T 为目标公司的价值指标。一般常用的可比公司市场价值倍率为 $\dfrac{MV_C}{VI_C}$，包括市盈率（P/E）、市净率（P/B）、市销率（P/S）等。

经常使用的几种相对估价法有：

（1）盈利乘数法。盈利乘数法包括市盈率估值法（PE）、PEG 估算法和"企业价值-EBITDA"乘数。关于资产的价值，更加直观的思路之一是，将它视为资产盈利的某个乘数。购买股票时，通常是把所付价格视为公司每股盈利的某个乘数。每股盈利本身也可在扣除异常项目之前或者之后得到估算，从而体现公司在先前各个时期或者未来时期的盈利能力。在收购一家公司时，相对于只是购买公司股票而言，通常的做法是分析公司经营性资产的价值（又称"企业价值"）作为经营性收入的乘数，或者扣除利息、税款、折旧和摊销之前盈利（EBITDA）的乘数。对于股票或者经营性资产的买方而言，虽然较低的乘数胜过较高的乘数，但是这些乘数会受到发行股票公司的增长潜力和风险的影响。

（2）销售额乘数法。销售额乘数法即市销率（PS）估值法。盈利和账面价值都是会计项目，因此市销率受制于会计规则和原则。一种受会计抉择影响较小的项目是销售额；我们可以将股权或企业价值与它进行对照比较，对股东而言，它就是市销率（PS），将股权市值除以销售额而得出。就企业价值来说，这一比率可调整为"价值-销售额"比率，其中的分子改作公司的企业价值。这一比率同样会因行业不同而变化极大，主要取决于各自的利润。相对于采用盈利或账面价值乘数作为比较标准而言，使用销售额乘数的好处是，它更便于在各公司之间实施比较，即便它们处在不同的市场而所用会计体系不同；它同样适用于那些由年轻公司所构成的行业，即便它们大多数处在亏损状态。

（3）市净率法，也称市账率，即市值与账面价值的比值。托宾 Q 系数：市场价值/重置成本。虽然市场对公司价值作出了估计，会计师却时常会对同一家公司作出截然不同的估算。这种账面价值的会计估算值取决于所采用的会计规则，深受资产最初的收购价格以及随后所作会计方法调整的影响（诸如折旧）。投资者通常观察所持股价与股权账面价值（或净财富）之间的关系，据此判断股票被高估还是被低估。由此产生的市账率（PB）因行业的不同而变化很大，取决于各自的增长潜力和投资质量。评估公司时，我们使用相对于所有投入资本（而不仅是股权）账面价值的企业价值估算这一比率。对于那些认为账面价值难以衡量资产真实价值的人来说，可以选用资产的重置成本。

一、盈利乘数法

1. 市盈率估值法

（1）市盈率（Price Earnings Ratio，P/E）估值法的运用原理及特点。P/E 法是专业证券分析师最喜欢的一种方法，并在实践中被广泛应用。该方法使用相对简单，市盈率是股价与每股盈利的比率，即 P/E = P/EPS。利用这个公式可求解股票的市场价格，如式（2-16）所示：

$$股票价格 = EPS \times 市盈率 \tag{2-16}$$

在这个过程中，首先，市盈率是需要找到可比公司，经过对标的公司实际情况进行处理后得到合理的市盈率指标。其次，在确定合理市盈率之后，投资者对于预期收益的估计尤为重要，因为这会直接影响企业的估值，也就是投资者的出价。市盈率为每股价值与每股收益之比，体现为，若归属股东的那部分盈利完全以股息的形式发放出来，在各股盈利持续一定的条件下，将所有投资经由股息全部收回所需要的时间。在计算该数值时，可以使用不同形式的每股盈利。

就高增长（以及高风险）公司而言，由于所用的每股盈利形式不同，市盈率会出现很大的变化；并且，市盈率指标的不确定性更高。这一点可以由下列两个因素予以解释：

1）这些公司每股盈利的波动性很大。因为前瞻每股盈利可以远远高于（或低于）滚动每股盈利，而后者又有可能与当期每股盈利相去甚远。

2）管理层期权的影响。由于高增长公司通常具有更多的有待实施的员工期权，从股票数目角度考察，充分稀释的每股盈利与初始每股盈利通常差别很大。

使用市盈率的前提为企业有正的利润，且企业的盈利须较为平稳。市盈率的优点在于计算简便，直观地反映了对企业盈利能力的预期。市盈率估值的缺点是受经济周期影响易产生波动，净利润为负的企业无法使用；并且，如果某些资源（如技术、文化、品牌等）未列于公司财报，但对公司估值影响较大，则该方法的适用性会大打折扣。由于很多初创企业盈利为负，此方法并不适用。

市盈率在估值中得到广泛应用的原因很多：第一，它是一个将股票价格与当前企业盈利状况联系在一起的一种直观的统计比率；第二，对大多数股票来说，市盈率易于计算并很容易得到，这使股票之间的比较变得十分简单；第三，它能作为企业一些其他特征（包括风险性与成长性）的代表。

但人们误用市盈率的可能性也极大。人们广泛使用市盈率的一个理由是它避免了在估值前对企业风险、增长率和红利支付率所作的一系列假设，而所有这些假设都是在现金流贴现估值中不得不提出的。但这一点并不正确，因为市盈率最终的决定因素与现金流贴现模型中价值的决定变量是相同的。因此，对于某些分析者来说，使用市盈率可能是一种逃避对企业风险、增长率和红利支付率做出明确假设的方法。

使用可比企业市盈率的另一理由是市盈率更能够反映市场中投资者对企业的看法。这样，如果投资者对零售业股票持乐观态度，那么该行业企业股票的市盈率将较高。另外，这也可以被看成市盈率的一个弱点，特别是当市场对所有股票的定价出现系统性误差的时候。如果投资者高估了零售业股票的价值，那么使用该行业企业股票的平均市盈率将会导致出现估值错误。

（2）不同国家（地区）或者不同市场的市盈率比较。人们通常还会对不同国家（地区）的市盈率进行比较，旨在找出那些被高估或低估的市场。市盈率较低的市场被认为估价过低；反之则相反。鉴于各国（地区）在基本因素方面普遍存在差异，这些结论均带有误导性。

（3）运用市盈率进行比较。同一市场市盈率在不同时间的比较，可以帮助分析者和市场战略制定者把某个市场的市盈率同它的历史均值相对照，据此判断市场是被高估还是低估。如果市场根据远高于正常水平的市盈率对其股票实施交易，就可视为公司被估价过高，而以低于历史常态的比率获得交易则被认为估价过低。在金融市场上，虽然时常会"重现历史"，我们却不应该借助这类比较而作出武断。由于各种基本因素（如利率、风险溢价、预期增长率和股息支付率）都会因时而变，市盈率也同样如此。例如，假设其他不变，可以预计利率的上升将导致市场股权成本上涨和市盈率下降。如果投资者承担风险的意愿增强，就会造成股权风险溢价下降，进而造成所有股票的市盈率提高。各企业盈利预期增长率的提高将造成市盈率的提高。

由此可知，既定增长率，即 $g=（1-股息支付率）\times ROE$。

ROE 即当年净利润/期初净资产，期初净资产即上一年年底净资产。由于企业每年净利润会在年底归入净资产。使净资产逐年增高。增高多少呢？在没有分红的时候就是 ROE，而净资产增高后若想保持 ROE 不变，必然需要同样增长的净利润。ROE 举例见表 2-2。

表 2-2　ROE 举例

	净利润	净利润增长需求（%）	股利支付率（%）	净资产＝上年净资产＋净利润-分红	ROE（%）＝净利润/上年净资产
第一年				10.00	
第二年	3	30	0	13.00	30
第三年	3.90	30	0	16.90	30
第四年	5.07	30	0	21.97	30
第五年	6.59	30	0	28.56	30

各公司股权报酬率的提高将使股息支付率提高，进而造成所有公司的市盈率得以提高。换言之，如果不对这些基本因素进行分析，那么就无法对市盈率作出判断。因此，更加恰当的方式不在于比较不同时间的市盈率，而是将实际市盈率与根据当期基本因素所预测的市盈率进行比较。

1）真实利率较高的国家（地区）的市盈率应该低于真实利率较低者。期望真实增长率较高的国家（地区）的市盈率应该高于期望真实增长率较低者。风险较大（进而风险溢价较高）的国家（地区）的市盈率应该低于较安全者。这是基于利率与市盈率负相关的假定，虽然两者之间的负相关关系很不稳定。

2）公司投资效率较高（并获得较高的投资报酬）的国家（地区）应该根据较高的市盈率实施交易。

（4）利用市盈率进行公司价值估计。对公司价值进行估计分为三步：第一步，预测未来的销售和利润；第二步，预测未来每股收益 EPS 及预测未来股息；第三步，预测市盈率，从而预测出未来股票价格。

1）预测未来的销售和利润。假定在刚刚过去的一年里，一家公司报告了 1 亿美元的销售收入。基于公司过去的增长率和行业趋势，估计收入会以每年 8% 的速率增长，并认为净利润率会是 6%。

因此，下一年销售收入预测是 1.08（＝1×1.08）亿美元，下一年的利润则是 648 万美元；

即下一年的未来税后利润＝108×0.06＝648 万美元。

2）预测未来每股收益 EPS 及预测未来股息。预测普通股的流通股情况可以基于持续的历史趋势，或根据预期的业务及环境变化的历史趋势。

预测每股收益（EPS）：

$$EPS = \frac{税后利润}{权益的账面价值} \times \frac{权益的账面价值}{发行在外的股份数} = ROE \times 每股账面价值 \qquad (2-17)$$

假设估计利润为 650 万美元，发行普通股 200 万股。股息支付率估计为 40%。EPS 为：

$$EPS = \frac{税后利润}{发行在外的普通股} \qquad (2-18)$$

或：$EPS = ROE \times 每股账面价值$

估计的下一年的 $EPS = \dfrac{650\ 万美元}{200\ 万股} = 3.25$ 美元。

预测股息派息率的依据：持续的历史趋势，根据预期的业务及环境变化调整的历史趋势。

估计年份 t 的每股股利 = 估计年份 t 的 $EPS \times$ 派息率 \qquad (2-19)

假设估计利润为 650 万美元，发行普通股 200 万股，股息支付率估计为 40%。

估计的下一年的每股股利 = $3.25 \times 0.40 = 1.3$ 美元。

3）预测市盈率，从而预测出未来股票价格。

估计市盈率的依据：

市场上所有股票的平均市场倍数，或者个股的相对市盈率。可根据对经济状况的预期，近期股票市场的总体前景，对公司经营结果预期变化的上下调整。

估计市盈率是几个变量的函数，包括收入增长率、市场概况、公司资本结构中的债务总额、当前和预期的通货膨胀率、股利水平。

估计的 t 年末的股票价格 = 估计的年份 t 的 $EPS \times$ 估计的市盈率

示例：假设每股收益为 3.25 美元，市盈率为 17.5 倍。估计的下一年末的股票价格 = $3.25 \times 17.5 = 56.88$ 美元。要估计三年后的股价，则将每股收益数字延长两年，并重复计算。

所以净利润率、发行在外的普通股数、股利支付率、市盈率是计算企业估值的几个要素。

例如，假设我们想要评估一家小型软件公司——Info Soft，预计它在三年后上市，而在第三年的预期净收入为 500 万美元。如果各上市软件公司的市盈率为 20 倍，就可估算得到 1 亿美元的退出价值，即 500 万×20 = 1 亿美元；然后，针对预计它所将面临的风险，将这一价值根据风险资本家的目标报酬率（衡量风险资本家所认为的合理报酬率）进行贴现，而对于这一目标报酬率的设定通常远远高出公司的常规股权成本。

经过贴现的终端价值＝估算的退出价值／（1＋目标报酬率）^{n} （2-20）

同样以 Info Soft 公司为例，如果风险资本家要求获得 30% 的目标报酬率，Info Soft 经过贴现的终端价值就是：

Info Soft 公司经过贴现的终端价值＝1 亿美元/1.30^3＝4552 万美元

也就是说，投资方出价应该是在 4552 万美元才可以在三年后以 1 亿美元的价值出手目标股权，以获得 30% 的年化收益。那么，风险资本家如何确定目标报酬率，以及它们为何如此之高呢？某些风险资本家或许构建了能够得出目标报酬率的复杂风险——报酬模型，但通常是根据判断、历史经验再加揣测综合得出这种报酬率的；它们之所以很高，是以下三方面因素共同作用的结果：

一是相对于其他企业而言，初创企业所面临的宏观经济风险更大。按照资本资产定价模型的术语来说，它们应该具有较高的 β 值，即系统性风险。

二是风险资本家通常专注于某一行业而没有实施投资分散化。因此，针对这些原本能够分散掉的企业特定风险，他们会要求更高的溢价。

三是许多初创企业最终都难以存活，故而目标报酬率结合了它们的破产风险。

在现实中，针对目标报酬率的"讨价还价"程度远远超乎常规的贴现率。换言之，风险资本家的利益需要借助很高的目标报酬率和在初创企业中占有很大的股权来实现，而企业所有者的利益则需要通过降低目标报酬率才能获得提高。因此，最终获得采纳的数字取决于双方的议价实力。

风险资本方法还会遇到另一个问题。由于退出乘数是以可比公司在目前的定价为基础，如果市场出错，它们就可能导致严重的估价错误。例如，在 2000 年投资于互联网公司的那些风险资本家最初的设想是，他们能够以 80 倍于销售额的价格将这些公司卖掉（这也正是当时的市场对于小型上市互联网公司的定价），因而高估了这些公司的价值。

2. 单位增速的市盈率（PEG）

PEG 是市盈率和企业未来至少三年的盈利增速的比值。PEG 率的定义是，市盈率除以每股盈利的预期增长率：

PEG＝上市公司的市盈率÷公司的盈利增速   （2-21）

由式（2-21）可以看出，该指标考虑了企业的盈利增速，弥补了市盈率在评估成长性方面的不足。例如，一家企业的市盈率若为 20 倍而增长率为 10%，则可估得它的 PEG 等于 2。一致性的要求是，用于这一估算值的增长率是每股盈利增长率而不是经营性收入增长率，因为 PEG 属于股权乘数。

在实际使用中，市盈率分为三种，即静态市盈率、动态市盈率、TTM 市盈率。静态市盈率等于现在的公司市值除以上一年公司的盈利，是历史数据；而就算是动态市盈率，目前的预估方法也过于简单，也可以看成由历史数据决定的市盈率。因此，市盈率可以看成股票现在的价值，但不反映未来的公司发展情况。

企业的盈利增速等于未来至少三年公司的盈利增长率乘以 100。之所以乘以100，是因为增长率一般比较小，都是百分之几，而市盈率一般都比较大，这样做是为了最终呈现出来的比值更加直观，未来至少三年公司的盈利增长率需要预估。将现在的股票价值和未来的公司盈利进行对比，就能知道目前的股票价值是否被低估：

当 PEG>1 时，说明目前的股价相对于盈利能力来说，是高估的。

当 PEG＝1 时，说明目前的股价与盈利能力相当，这种情况很少出现。

当 PEG<1 时，说明目前的股价相对于盈利能力来说，是低估的。

但是，并不能只看 PEG 这一个指标，还需要结合企业的业绩，以及行业来看。如果某个行业普遍 PEG 是 1.4，那么某个公司的 PEG 等于 1.2 时也是相对低估的。

PEG 指标的优点是可以更好地测算企业的成长性、优化对高市盈率企业的估值；缺点则是净利润为负的企业无法适用、忽略了企业当前的盈利能力。

为了确定被低估和被高估的股票，决策制定者和分析者有时会将市盈率与公司预期增长率加以比较。最简单形式是，市盈率低于预期增长率的公司视为被低估者。通常采用的形式是，使用市盈率与预期增长率两者的比率（PEG）衡量相对价值，如果数值较低则表明公司被低估了。对于许多分析者来说，尤其是那些跟踪处在高增长行业的企业的分析者，这些方法提供了一条明朗的评估途径，即在调整各公司增长率差异的同时，还能保持乘数固有的简洁性。

面对有关市盈率的诸多定义，在估算 PEG 时应该采用哪一个呢？答案取决于计算得出的预期增长率。如果每股盈利的预期增长率是根据最近年份的盈利（当期盈利）计算得出的，应该使用的是当期市盈率；如果每股盈利的预期增长率是根据滚动盈利计算得出的，则应使用滚动市盈率。在计算过程中不会使用前瞻市盈率，因为它可能会造成重复计算。为说明个中缘由，假设一家企业当期的股价为 30 美元，而每股盈利为 1 美元，预计它在下一年度可将每股盈利增加一倍（前瞻每股盈利为 3 美元），并且在随后四年间可使盈利每年增长 5%。以当期每股盈利为基数，对该企业每股盈利增长率的估算值等于 19.44%。

期望盈利增长率 = $\left[\left(1 + 增长率_{第1年} \right) \left(1 + 增长率_{第2\sim5年} \right)^4 \right]^{1/5} - 1$ (2-22)

$= \left[2.00 \left(1.05 \right)^4 \right]^{1/5} - 1 = 0.1944$

如果使用前瞻市盈率和这一盈利增长率估算值估算 PEG，则会得到：

根据前瞻市盈率的 PEG = 前瞻市盈率/预期增长率$_{未来五年}$ (2-23)

如果采用这种方法，还需运用前瞻市盈率和第 2~5 年的预期增长率针对所有其他可比公司统一估算 PEG。根据统一性原则，为了估算 PEG，应该针对样本中所有的公司使用相同的增长率估计值。例如，不应针对某些公司使用 5 年期的增长率，却对其他公司使用 1 年期的增长率。

确保统一性的方式是，针对组内所有的公司均使用相同出处的盈利增长率估算值。例如，对于美国大多数公司在未来五年每股盈利增长率，许多金融数据服务公司都提供了分析者的共识性估算值；另外，还可以估算组内每一公司的预期增长率。

在比较各公司 PEG 时出现了一些问题。例如，在使用 PEG 时，大多数分析者针对同业各公司（或可比公司组）进行计算和比较该比率较低者通常被视为估价偏低，即便各公司的增长率有所不同。这是因为在估算时所依据的是一种错误的观念，即 PEG 能够把握各公司在增长率方面的差异。其实只有在各公司的增长潜力、风险和支付率（或股权报酬率）都很接近时，才能直接比较 PEG。但是，果真如此的话，比较各公司的市盈率却会更加便利。如果各公司具有不同的风险、增长率和支付率的特征，若要比较 PEG 并据此作出估价判断，应该注意下列几点：

（1）增长率和 PEG 之间的关系变化很大。最初，随着增长率的提高，PEG 会下降；但在某个时点，这种关系就会出现逆转。换言之，如果公司的增长率很低或很高，它的 PEG 将会高于那些增长率处在中等水平公司的市盈率。

（2）风险较高的公司具有较低的 PEG，而被低估的程度可能会超过风险较低的公司，因为 PEG 通常会随着公司风险的提高而降低。

（3）股权报酬率较低（或股息支付率较低）的公司具有较低的 PEG，而被低估程度可能会超过股权报酬率和股息支付率较高的公司。

总之，那些通过直接比较 PEG 而看似被低估的公司，因其风险较高或股权报酬率较低，对于它们的估价也许并无不当。

3. 企业价值倍数

对于某些前期投资巨大导致巨额折旧摊销扭曲盈利的高新类企业来说，企业价值倍数（EV/EBITDA）法是一种常用的估值方法，其本质是市盈率的变种，修正了企业折旧政策对净利润的扭曲。同时，该指标可以让不同财务结构和税收政策的公司估值进行比较，也常用于并购公司的估值。

"企业价值—EBITDA"乘数是将扣除现金之后的公司总市值与它在扣除利息税款折旧和摊销之前的盈利相联系：

EV/EBITDA =（股权市值+债务市值-现金）/EBITDA   (2-24)

为何要将现金从计算中扣除呢？因为现金的利息收入未列入 EBITDA，若不予以扣除，就会夸大"企业价值—EBITDA"乘数。

针对那些相互持有股份的企业，不易估算它们的"企业价值—EBITDA"乘数，原因在于企业股份的相互持有。这种相互持有又被分为多数主动型、少数主动型、少数被动型持有。如果股份持有被算作少数持有，企业的经营性收入就不会体现这种持有的收入。另外，该乘数的分子包括股权市值，所以应该包括少数持有的收入。由此，这些企业的"企业价值—EBITDA"乘数将会过高，使不经意的观察者以为它们被高估。若是股份持有被算作多数持有则又会出现另一个问题，即：EBITDA 包括由股权所得到的 100% 的 EBITDA，但分母却只体现出属于公司那部分的股份持有。因此，"企业价值—EBITDA"乘数将会过低，使股票认为被低估。

若是在私营企业中持有股份，针对相互持有的调整会变得繁杂和困难。针对少数持有，可在分子中减去股份持有估算值，或将子公司的 EBITDA 部分加到分母上。针对合并后企业的股份持有，可在分子中减去相应比例的股份价值，并且从分母中减去股份持有的全部 EBITDA。

关于资产的价值，更加直观的思路之一是，将它视为资产盈利的某个乘数。在购买股票时，通常是把所付价格视为公司每股盈利的某个乘数。每股盈利本身也可在扣除异常项目之前或者之后得到估算，从而体现公司在先前各个时期或者未来时期的盈利能力。例如，在收购一家公司时，相对于只是购买公司股票而言，通常的做法是分析公司经营性资产的价值（又称为"企业价值"），将其作为经营性收入的乘数；或者扣除利息、税款、折旧和摊销之前盈利（EBITDA）的乘数。对于股票或者经营性资产的买方而言，虽然较低的乘数胜过较高的乘数，这些乘数却会受到发行股票公司的增长潜力和风险的影响。

EV/EBITDA 法也较为常用。其优点是排除了折旧摊销等因素的影响，更注重公司自身主营业务情况。但该方法的缺陷在于很多公司可能会有负的 EBITDA，而且该方法也未考虑未来现金流进行新投资所产生的影响；同时，计算较为复杂，且未考虑公司间税收政策不同的影响。

二、销售额乘数法

销售额乘数法，即市销率（Price-to-Sales，PS），为每股价值与每股营业收入之比。有些企业，如大部分互联网公司，其净利润不断变化，且前期多为负数，部分企业暂未盈利。在不对企业要求有盈利的估值下，比较适用营业收入作为衡量的市销率。

市销率的计算公式为：

$$PS = 总市值 \div 主营业务收入 \qquad (2-25)$$

$$PS = 每股股价 \div 每股销售额 \qquad (2-26)$$

由式（2-25）和式（2-26）可以看出，此方法侧重于销售收入，因而主要适用于销售成本占比较低的企业。

市销率的值是静态的，而通常投资行业对一家企业进行估值时会选择其同类企业作为参考，这关乎市场对这一家企业未来的市场期待。市销率越低，说明该企业股票目前的投资价值越高。市销率越低，销售规模就越大，企业价值也就水涨船高。市销率估值法的优点是营业收入不会为负，适用范围更广；其缺点是未考虑成本变动的影响，无法直观地反映盈利能力。

市销率，顾名思义，是指市值和营业收入的比值。假如一家企业有 10 亿元的收入，其市值为 20 亿元，那么其市销率为 2 倍。至于为适合市销率指标估值的生意属性，一般来说市销率更看重销售规模，所以交易应该在较大规模的市场中，各家企业之间的竞争更多的是直接性竞争，比的是各自的占有率或者规模有多大。

具体来说，市销率的优点有以下四点。首先，它不像市盈率和市净率因为可能会为负值而变得毫无意义，市销率在任何时刻都可以使用，甚至对于最困难的公司也是适用的。其次，与利润和账面值不同，销售收入不受折旧、存货和非经常性支出所采用的会计政策的影响，因而也难以被人为地扩大。再次，市销率并不像市盈率那样易变，因此市销率对估值来说更可靠。例如，对于一家周期性公司，其市盈率变化要比市销率变化频繁得多。这是因为利润比销售收入对经济情况的变化更敏感。最后，在检验公司定价政策和其他一些战略性决策的变化所带来的影响方面，市销率是一个十分便利的工具。

市销率是用销售收入来代替利润或账面值，其好处之一是它的稳定性，然而这种稳定性，在公司的成本控制出现问题时，也可以成为一种弊端。在这种情况下，尽管利润和账面值有显著下降，但是销售收入可能不会大幅下降，因此，当使用市销率来对一个有着负利润和负账面值、处境艰难的公司进行估值时，可能因为无法识别各个企业成本、毛利润方面的差别而导致得出极其错误的评价。

1. 市销率模型

根据稳定增长股息贴现模型，可以得到市销率：

$$P_0 = \frac{DPS_1}{K_e - g_n} \tag{2-27}$$

式中，P_0 为股权价值；DSP_1 为下一年度的期望每股股息；k_e 为股权成本；g_n 为股息（永久性）增长率。

代入 $DSP_1 = EPS_0 (1+g_n)$（股息支付率），就可将股权价值表述为：

$$P_0 = \frac{EPS_0 \times 股息支付率 \times (1+g_n)}{k_e - g_n} \tag{2-28}$$

如果定义净利润率 $= EPS_0 /$ 每股销售额，可将股权价值表述为：

$$P_0 = \frac{销售额 \times 净利润率 \times 股息支付率 \times (1+g_n)}{k_e - g_n} \tag{2-29}$$

根据市销率重新表述上式，则为：

$$\frac{P_0}{销售额} = PS = \frac{净利润率 \times 股息支付率 \times (1+g_n)}{k_e - g_n} \tag{2-30}$$

显然，市销率是利润率、股息支付率和增长率的递增函数，以及公司风险程度的递减函数。我们可以将高增长公司的市销率与各种基本因素相联系。在两阶段股息贴现模型这种特定情形中，可以相当简单地设定这种关系。针对两阶段增长——高增长阶段和稳定增长阶段情形，可将股息贴现模型表述为：

$$P_0 = \frac{EPS_0 \times 股息支付率 \times (1+g) \times \left[1 - \frac{(1+g)^n}{(1+k_{e,hg})^n}\right]}{k_e + g_n} + \frac{EPS_0 \times 股息支付率_n \times (1+g_n)^n \times (1+g_n)}{(k_{e,st} - g_n)(1+k_{e,hg})^n}$$

$$\tag{2-31}$$

其中，g_n 为最初 n 年间的增长率；$k_{e,hg}$ 为高增长期的股权成本；股息支付率 n 为第 n 年之后的永久性增长率（稳定增长率）；$k_{e,st}$ 为稳定增长期的股权成本；股息支付率$_n$ 为第 n 年之后的稳定公司股息支付率。根据利润率重新表述 EPS：

$$\frac{股价}{销售额} = 净利润率 \times \left\{ \frac{股息支付率 \times (1+g) \times \left[1 - \frac{(1+g)^n}{(1+k_{e,hg})^n}\right]}{k_e - g} + \right.$$

$$\left. \frac{股息支付率_n \times (1+g_n)^n \times (1+g_n)}{(k_{e,st} - g_n)(1+k_{e,hg})^n} \right\} \tag{2-32}$$

式（2-32）左边即市销率。假设其他各项不变，那么它取决于以下四点：

（1）净利润率：净收入/销售额。市销率是净利润率的递增函数。假设其他不变，净利润率较高，公司股票就应以较高的市销率获得交易。

（2）高增长期和稳定增长期的股息支付率。针对任何一种增长率，市销率都会随着股息支付率的增加而增加。

（3）风险程度（在高增长期使用折扣率 $k_{e,hg}$，在稳定期使用 $k_{e,st}$）。因为较大的风险会提高股权成本，市销率会随着风险的提高而下降。

（4）两个时期内的期望盈利增长率。在高增长期和稳定增长期，市销率都会随着增长率的提高而提高。

由此可见，市销率是企业净利润率（PM）、红利支付率（R）和增长率（g）的递增函数，是企业风险（贴现率 r）的递减函数。

2. 举例说明

假设有两家公司，A 和 B。

公司 A 是一家成熟的消费品公司，其年度营业收入为 10 亿元，净利润为 2 亿元，总市值为 20 亿元。

那么，其市盈率 = 总市值÷净利润 = 20 亿元÷2 亿元 = 10 倍

市销率 = 总市值÷营业收入 = 20 亿元÷10 亿元 = 2 倍

公司 B 是一家新兴的科技公司，年度营业收入为 5 亿元，净利润为 5000 万元，总市值为 15 亿元。

其市盈率 = 15 亿元÷5000 万元 = 30 倍

市销率 = 15 亿元÷5 亿元 = 3 倍

通过市销率的对比，可以看出，在这个假设中，公司 B 的市销率相对较高。

这可能意味着市场对公司 B 的销售增长潜力有更高的预期，尽管其当前净利润相对较低。市销率只是一个参考指标，在实际分析中，还需要结合公司的具体情况、行业特点、发展前景等多方面因素进行综合判断。

三、市净率法

市净率（Price-to-Book Ratio，P/B）指的是每股股价与每股净资产的比率，在证券市场中公司和股票估值都很常用。市净率法估值，就是将目标企业的每股净资产乘以可比公司的市净率，从而得出目标企业的估值。计算公式为：

$$PB = 上市公司的当前股价 \div 公司的每股净资产 \tag{2-33}$$

由式（2-33）可以看出，市净率法侧重于净资产，因而主要适用于重资产的企业。净资产通常是一个较为稳定的会计指标，不容易被操纵。对于一些资产密集型行业企业，如金融、房地产等，市净率法能提供相对可靠的估值参考。它以股价除以每股净资产的值来反映企业当前的价值和投资风险，侧重于从资本本身盈利能力的角度来体现企业价值。一般来说，市净率较低的股票，投资价值较高；相反，则投资价值较低，但是必须结合当时的市场环境以及企业经营情况、盈利能力等因素进行分析。

在现实中，银行分析员大多喜欢使用市净率法而非市盈率法。一方面，是因为借鉴了国外的经验。国外银行周期性非常明显、资产风险性高，因此普遍使用市净率估值。另一方面，银行较其他行业受到政府更严格的监管，要求核心资本充足率高，资本受到约束，市净率恰好能体现公司的扩张需求。因此，不难看出，市净率估值特别适用于评估高风险、周期较为明显的企业。从某种角度来讲，市净率估值结果也反映出了企业估值水平是否合理、投资该企业的风险大小如何。

市净率估值也有其局限性。该方法的不足之处在于，如果某些资源（如技术、文化、品牌等）未列入企业财报，但对企业估值影响较大，该方法的适用性则会大打折扣。因为它没有考虑企业的盈利能力、未来增长潜力以及无形资产的价值。对于一些轻资产、高增长的企业来说，市净率法可能会低估其价值。

市净率估值忽略了净资产收益率（ROE）差异的影响，这明显使市净率估值的结论不太让人信服。ROE 可衡量公司对股东投入资产的使用效率，它的高低恰恰是区分企业是否优秀的重要因素。此外，市净率具有显著的个体差异性，不同的市场经济体的市净率、同一市场经济体的市净率，甚至是同一经济体在不同的股票市场的市净率，都具有极大的差异性，不适合作为一种标准用于相互比较。对于初创企业，明显不适合使用这种估值方法。在使用市净率法进行估值时，需要选择合适的可比企业，并对行业特点、企业经营状况等因素进行综合分析，以提高估值的准确度。市净率法是企业估值的一种工具，但应结合其他方法和具体情况进行综合判断，以获得更合理的估值结果。

第三节　实物期权定价的应用

实物期权是金融期权定价理论与方法在实物资产上的扩展，两者所对应的定价对象不同，但在估值中所选用的定价参数是相同的。实物期权定价权模型主要有二叉树、B-S 和 Geske 模型。

一、实物期权定价理论来源和价值决定因素

期权定价是金融应用领域数学上最复杂的问题之一。模型认为，只有股价的当前值与未来的预测有关；变量过去的历史与演变方式与未来的预测不相关。模型表明，期权价格的决定非常复杂，合约期限、股票现价、无风险资产的利率水平以及交割价格等都会影响期权价格。期权定价模型基于对冲证券组合的思想，即投资者可建立期权与其标的股票的组合来保证确定报酬。在均衡时，此确定报酬必须得到无风险利率。期权这一定价思想即无套利定价思想，就是任何零投入的投资只能得到零回报；任何非零投入的投资，只能得到与该项投资的风险所对应的平均回报，而不能获得超额回报（超过与风险相当的报酬的利润）。从 Black-Scholes 期权定价模型的推导中，可以看出期权定价本质上就是无套利定价。实物期权法目前主要有两种估值模型：B-S 模型和二叉树模型。

1973 年，Black 和 Scholes 提出金融期权定价模型（价格正态分布，欧式），这是期权定价理论具有里程碑意义的突破性成果，是全球期权市场建立的基础。同年 Merton 发表论文《期权理性定价理论》系统阐述期权定价理论与估值方式，由此奠定了期权定价理论分析基础。

1977 年，Myers 在《企业借款的决定因素》中，首次阐明实物期权（Real Options）概念：企业价值来自现有资产以及对未来投资机会的选择权，这种投资

机会可视为实物资产的看涨期权，表明可用金融期权定价理论与方法评估实物资产的投资价值。

1979 年，科克斯、罗斯和卢宾斯坦的论文《期权定价：一种简化方法》提出了二项式模型 BOPM，该模型建立了期权定价数值法的基础，解决了美式期权定价的问题。

期权价值的决定因素：

（1）标的资产的当期价值。期权属于由标的资产派生出来的资产。因此，标的资产价值的变化会影响针对该项资产的期权价值。由于看涨期权提供了根据固定价格购买标的资产的权利，资产价值增加将提高看涨期权的价值。另外，看跌期权的价值随着标的资产价值增加而降低。

（2）标的资产价值的方差。期权购买者拥有根据固定价格买入或卖出标的资产的权利。标的资产价值的方差越大，期权价值就越大。此点对于看涨期权和看跌期权都适用。风险尺度值（方差）的增加会增加价值，这一点看似有悖于常理。然而，期权不同于其他有价证券，因为期权购买者的损失不会超出所付期权的价格。实际上，他们可能从价格的剧烈波动中赢得暴利。

（3）标的资产股息。资产在期权期限内支付股息，预计标的资产价值将会减少。因此，看涨期权价值是预期股息支付的递减函数，而看跌期权价值则是预期股息支付的递增函数。更通俗地说，就看涨期权而言，把股息支付看作由于推迟实施具有实值（in-the-money）的期权所付出的成本。为看清缘由，不妨考虑一下针对上市股票的期权。一旦看涨期权具有实值（期权持有者可通过实施期权而获得总报酬），实施看涨期权将给持有者带来股票以及后续各期内的股息。若不实施期权就意味着放弃这些股息。

（4）期权的实施价格。描述期权的一个关键特征是实施价格。就看涨期权而言，持有者拥有根据固定价格而买入的权利，看涨期权的价值将随着执行价格的上涨而减少。就看跌期权而论，持有者拥有根据固定价格而卖出的权利，其价值将随着实施价格的上涨而增加。

（5）期权的有效时间。有效时间越长，看涨期权和看跌期权都会越有价值。这是因为，更长的有效期使标的资产价值具有更大的变化空间，进而增加了两类期权的价值。此外，就看涨期权而言，购买者拥有在到期时支付固定价格的权利，这一固定价格的现值将随着期权寿命的延长而减少，从而增加看涨期权的价值。

（6）对应于期权有效期的无风险利率。由于期权购买者即刻支付了期权的价格，这就涉及机会成本，机会成本取决于利率水平和期权的有效期。计算实施价格现值时，无风险利率同样事关期权估价，因为实施价格在看涨（看跌）期权到期时才必须支付或得到支付。利率的提高将会增加看涨期权的价值而减少看跌期权的价值。

具体而言，实物期权法从控股股东的视角出发进行估值，其数学依据是看涨期权公式（$C=S-X$）与会计等式（$E=A-L$）的相似性。而其法理依据则是，股份有限公司股东以出资额为限对外承担责任（若企业在存续期末资不抵债，则企业所有人可以资偿债，损失仅限于其初始投入的自有资本——类似于期权的权利金，而不必全额偿债——类似于期权的放弃行权）。基于这两个强大的依据，实物期权法获得了良好的理论基础和可行的计算公式，从而将金融期权的思想引入对实物资产的定价。从经营管理的角度而言，控股股东拥有企业资产的控制权（决策权），其管理实践影响着企业资产价值的变化，或者说企业资产价值的变化是其管理价值的体现，而企业资产价值与股东权益（实物期权）的价值呈正向关系。因此可以说，实物期权（股东权益）的价值与控股股东的管理价值（能力）存在正相关性，是控股股东管理价值（能力）的体现。换言之，根据上述分析和经营管理的实践，实物期权实质上就是资产期权。实物期权法的最大优点在于考虑了企业生产经营中的不确定性，并对管理者在应对不确定性时所拥有的选择权（管理价值）进行了定价。这样就使企业估值所考虑的因素更为全面，不但提高了投资估值的准确性，而且充分体现了管理层决策的价值[①]。

自从期权定价理论问世以来，理论界和实务界均认为，将传统 DCF 方法与实物期权定价方法相结合来定义企业价值，更能客观反映企业的整体价值，并认为投资机会在管理上的灵活性也是企业价值的一部分，这种价值可以用看涨期权的估值方法来进行计算。由于评估标的不是金融类资产，Myers 教授将其称为实物期权。此后，学者展开了深入的研究，认为使用实物期权法，管理者可以根据经营情况的变化及时调整决策，从而灵活地进行经营管理。

许多学者除研究估值理论之外，也在研究这些理论的实用性或适用性，以确定适用于不同行业、企业的最优估值模型。有学者认为，生物科技类企业的大量内在价值都锁定在了长周期的研发项目中。如果研发项目成功投入商用，那么这些项目的价值可以获得释放，这一过程类似于期权的兑现过程。因此，对生物科

---

① 张秀军. 基于实物期权的人工智能上市公司估值研究［D］. 北京：对外经济贸易大学，2019.

技行业而言，可采用实物期权法对其进行估值。

为了研究不同行业所适用的最优估值模型，国内学者也做了大量的工作。比如，用实物期权法很好地考虑了企业在生产经营中所面临的不确定性，并将企业价值和相应的投资机会联系在一起，因而适用于对成长性高风险公司进行估值。

二、实物期权的定义与分类

金融期权给予了持有者在未来特定时间内以特定价格买卖某种金融资产的权利。而实物期权则将这种概念和方法应用到了实物资产投资领域，实物期权法价值评估方法，在资产评估中的研究与运用日益增多。

实物期权是企业管理层在投资决策方面所享有的一些权利，如根据经济状况对项目进行扩张、放弃、延期等。传统的估值方法（如净现值法），未能考虑这些选择权所具有的潜在价值，即来源于现有资产所带来收益的价值和未来选择权的价值，这个选择权即实物期权，具体可为延迟期权、增长期权、放弃期权或收缩期权。当企业拥有该选择权后，未来可以一定的价格出售或购买某项实物资产或项目。

关于实物期权的研究逐渐增多，研究领域主要集中于资产定价研究与项目投融资决策应用研究。实物期权的标的物包括企业的实物资产、投资机会等。通过行使上述实物选择权，管理层可以主动影响预期现金流，继而影响到企业的估值。与绝对估值法相比，实物期权法纳入了生产经营中的不确定因素以及经营管理中的应变性，从而对这种管理上的灵活选择权进行了定价。因此，当企业的生产经营存在较多的不确定因素时，此方法是一个适宜的企业价值评估模型。例如，企业对一个新项目的投资，可能会因为未来市场环境的不确定性而具有选择延迟、扩张、收缩甚至放弃的权利，这些权利就类似于金融期权。

实物期权定价理论的发展，为企业评估具有不确定性的投资项目提供了新的思路和方法。它考虑了项目未来的灵活性和不确定性所带来的价值，使企业能够更准确地评估投资机会的价值。该理论还对传统投资决策方法进行了反思和改进，弥补了传统方法往往忽略项目中的灵活性和战略价值的弊病，并在企业投资决策的实践需求中不断发展和完善。

注意，资产定价研究主要是运用实物期权法评估企业价值、单项资产或资源的价值，投融资决策应用研究则主要是运用实物期权理论评价某项目的价值、确定项目合理的投融资时间、进行项目产品定价等（见表2-3）。

表 2-3　实物期权与金融期权的比较

项目	实物期权	金融期权
标的类型	实物资产	金融资产（股、债、汇等）
标的价值（S）	实物资产的当前价格	金融资产的当前价格
行权价格（X）	投资成本	金融资产的合约价格
到期时间（t）	实物资产的存续时间	期权的行权时间
波动率（σ）	实物资产价格的波动率	金融资产的价格波动率
利率（r）	无风险利率	无风险利率

实物期权有如下特点：

（1）无相关市场以供交易，因而无法获取公开的市场价格；

（2）不确定因素众多，到期时间和行权价格等都受到宏观经济、经营管理等的影响，无法提前确定；

（3）不同的实物期权之间往往存在相关性，某一投资的决策会受到其他决策的影响。

在实际投资和经营管理中，需要识别和分析实物期权的类型，如扩张期权、放弃期权、延迟期权等。实物期权法目前主要有两种估值模型：B-S 模型和二叉树模型。

1）B-S 模型。此模型基于风险中性的定价思想，即利用期权和有关证券构建组合进行套期保值，组合可以获得无风险收益，从而推导出期权的估值模型。

实物期权法主要利用 B-S 模型（见表 2-4）。

表 2-4　B-S 模型介绍

B-S 模型	由布莱克与斯科尔斯在 20 世纪 70 年代提出。该模型认为，只有股价的当前值与未来的预测有关；变量过去的历史与演变方式与未来的预测不相关
假设	（1）在期权寿命期内，期权标的股票不发股利，也不做其他分配 （2）股票或期权的买卖没有交易成本 （3）短期的无风险利率是已知的，并且在期权寿命期内保持不变 （4）任何证券购买者都能以短期的无风险利率借得任何数量的资金 （5）允许卖空，卖空者将立即得到所卖空股票当天价格的资金 （6）看涨期权只能在到期日执行 （7）持续发生的，股票价格随机游走

B-S 模型	由布莱克与斯科尔斯在 20 世纪 70 年代提出。该模型认为，只有股价的当前值与未来的预测有关；变量过去的历史与演变方式与未来的预测不相关
公式	$V_C = SN(d_1) - \tilde{K}N(d_2)$。其中，$d_1 = \dfrac{\ln\left(\dfrac{S}{K}\right) + \left(r + \dfrac{\sigma^2}{2}\right)t}{\sigma\sqrt{t}}$；$d_2 = d_1 - \sigma\sqrt{t}$；$N(d_1) = \dfrac{1}{\sqrt{2\pi}}\int_{-\infty}^{d_1} e^{-\frac{y^2}{2}} dy$；其中，$S$ 表示初始价值；$\tilde{K}$ 表示执行价格现值；r 表示无风险利率；σ 表示波动率（平均波动率）；t 表示数据资产生命周期；$N(d_1)$ 表示愿意为拥有数据资产而支付初始成本的概率；$N(d_2)$ 表示愿意维护数据资产而支付数据分析、维护费的概率

2）二叉树模型。二叉树模型是一种用于金融资产定价的数学模型。它通过构建一个二叉树状的价格变动路径，来模拟资产价格在不同时间点的可能变化。在二叉树的每个节点上，资产价格都有上升或下降两种可能性，并根据给定的概率和参数计算出相应的价格。二叉树模型具有直观易懂、计算相对简单的优点，被广泛应用于期权定价、债券定价等领域。它能够帮助投资者和金融机构更好地理解和评估金融资产的风险和价值，为投资决策提供重要的参考依据。

此模型的估值思想是，资产价格的变动包含无数的小幅二项式变动，期权的存续期可划分为 n 个足够小的时间段（Δt）；资产的期初价格是 V_0；价格的下降和上涨因子分别是 d、u，在经过 Δt 之后，资产的价格变动有两种可能，即以（$1-p$）的概率下降到 dV_0，或以 p 的概率上升到 uV_0。在经过 n 个 Δt 到达行权日时，资产价格的可能取值为 V_n：

$$V_n = u^J d^{N-J} V_0, \quad J = 0, 1, \cdots, n \tag{2-34}$$

再利用动态规划法计算得出期权的当前价格。

然而，二叉树模型也存在一定的局限性，如对于复杂的金融产品可能不够精确，对参数的敏感性较高等。二叉树模型是金融领域中一种重要的分析工具，但在使用时需要结合实际情况和其他方法进行综合考量。

3）B-S 模型的应用。如果价格过程是连续的（价格波动随着时期的缩短而变小），关于期权定价的二项式模型将收敛于 B-S 模型。以其创建者 Fischer Black 和 Myron Scholes 命名的这一模型令我们能以较少的数据估算任何期权的价值，并且已在评估许多上市期权方面证明了其功效。此模型基于风险中性的定价思想，即利用期权和有关证券构建组合进行套期保值，组合可以获得无风险收益，从而推导出期权的估值模型。

B-S 模型的基本理念是，构筑一个与所评估期权具有相同现金流的标的资产与无风险资产的组合。根据 B-S 模型，可将看涨期权的价值表示成下列五个变量的函数：

S＝标的资产的当期价值

K＝期权的实施价格

t＝期权的有效时间

r＝相应于期权寿命的无风险利率

σ＝标的资产价值对数的方差

因此，看涨期权的价值是：

$$\text{看涨期权的价值}=SN(d_1)-Ke^{-rt}N(d_2) \tag{2-35}$$

其中，$d_1=\dfrac{\ln\left(\dfrac{S}{K}\right)+\left(r+\dfrac{\sigma^2}{2}\right)t}{\sigma\sqrt{t}}$，$d_2=d_1-\sigma\sqrt{t}$

e^{-rt} 为现值因素，体现了看涨期权的实施价格要等到期满时再作支付这一事实，因为模型本身所估价的是欧式期权。$N(d_1)$ 和 $N(d_2)$ 均为概率值，运用累计的标准正态分布和针对期权的 d_1 和 d_2 值估算得出。图 2-2 显示了累计的正态分布。

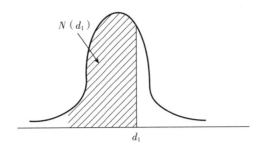

图 2-2 累计的正态分布

大致而言，$N(d_2)$ 表示实施期权为持有者提供正现金流的可能性（对于看涨期权为 $S>K$，对于看跌期权则是 $K>S$）。通过买入 $N(d_1)$ 单位标的资产和借入 $Ke^{-rt}N(d_2)$ 款项，可以构筑复制期权的组合。这一组合将具有与看涨期权相同的现金流，以及相同的价值。$N(d_1)$ 是构筑复制型组合所需标的资产单位数，被称作"期权的德尔塔系数"。

【案例】运用 B-S 模型进行期权估价

2001 年 3 月 6 日，思科（Cisco Systenns）公司股票交易价是 13.62 美元。我们打算评估关于它的在 2001 年 6 月到期而实施价格为 15 美元的看涨期权，当日，它在芝加哥期权交易所（CBOE）的交易价是 2 美元。期权的各项参数如下：

·思科股价在去年的年化标准差为 81%，运用去年各交易周的股价估算得出。经过年化的数字为

各周标准差=11.23%

年化标准差=11.23%×$\sqrt{52}$=81%

·期权到期日为 2001 年 6 月 20 日。目前离到期日还有 103 天，对应于这一期权寿命的国库券年利率为 4.63%。

针对 B-S 模型的各项数据是，股票现价（S）= 13.62 美元，期权实施价格 15 美元，期权寿命=103/365=0.2822，In（股价）的标准差=81%，以及无风险利率=4.63%。把它们代入模型就可得到：

$$d_1 = \frac{\ln\left(\dfrac{13.62}{15.00}\right) + \left(0.0463 + \dfrac{0.81^2}{2}\right)0.2822}{0.81\sqrt{0.2822}} = 0.0212$$

$$d_2 = 0.0212 - 0.81\sqrt{0.2822} = -0.4091$$

运用正态分布，可估算 $N(d_1)$ 和 $N(d_2)$ 如下：

$N(d_1) = 0.5085$

$N(d_2) = 0.3412$

现在就可对看涨期权作如下估算：

$$\text{思科看涨期权价值} = SN(d_1) - Ke^{-rt}N(d_2)$$
$$= 13.62(0.5085) - 15e^{-(0.0463)(0.2822)}(0.3412)$$
$$= 1.87（美元）$$

由于看涨期权在当时的交易价为 2 美元，假如我们使用的标准差估计值正确无误，它被略微高估了。

第四节 初创期企业适用的估值方法

不少分析者认为，我们无法评估初创企业，因为不但缺乏历史记录，有时甚至尚无可出售的产品或服务。虽然评估年轻公司要比评估成型公司更加不易，但估价的基本内容却并没有改变。新创公司的价值同样等于它们的预期经营性现金流现值，虽然这些预期现金流或许需要我们去发掘非同一般的信息来源。风险投资最大的特点在于其高收益、高风险性。高风险的存在使投资项目时必须进行科学的评估和严格的筛选，以尽可能承担比较小的风险[①]。

企业从子期到初创期并没有一个界限，投资人一般通称为企业早期阶段。初创期企业适用的估值方法主要有博克斯法、共识估值法、风投专家评估法和风险因素汇总估算法。以及两种经典的股权项目评估指标体系太极—布鲁诺指标法（Tyebjee-Bruno）和卡普兰—斯特龙伯格指标法（Kaplan-Stromberg）。无论是天使投资、风险投资（VC）还是私募股权投资（PE），在进行创投之前，都需要进行一番评估。随着项目或企业的发展和成熟，评估的标准也逐渐严格和烦琐。

早期企业的典型特征，是公司成立和开业时间通常不到三年，营业收入达不到经济规模，现金流很不稳定，报表制度尚不健全，会计数据不全面、不规范，无法利用折现方法预测收益和计算估值。在此阶段，市场上流传天使投资人估值方法有十多种，比较实用的估值方法有以下六种：

1. 博克斯法

由美国人博克斯首创的初创期企业估值方法。方法要点是着眼企业发展的要素条件，将每项要素直接给出价格，这种方法在评估初创企业价值时，重点关注企业发展的关键要素条件，然后为每个要素赋予一个价格或价值。这种方法相对较为简单和主观，可能无法全面准确地反映企业的真实价值，在实际应用中通常需要结合其他更复杂和综合的估值方法来做出更可靠的评估。

---

① 火颖. 投行与企业资本服务的本质［M］. 北京：中国言实出版社，2019.

博克斯法的使用举例：

【案例】一家互联网初创企业

①创意和商业模式：如果其具有独特且可行的创意和商业模式，估值为 100 万美元。

②管理团队：拥有经验丰富、技术能力强且协作良好的团队，估值为 80 万美元。

③产品或服务的原型：若已开发出具有潜力的产品或服务原型，估值为 50 万美元。

④市场潜力：所在市场规模巨大且增长迅速，估值为 70 万美元。

⑤技术专利：拥有相关的有价值技术专利，估值为 60 万美元。

五项要素价格合计为 400 万~500 万美元，其中各项赋值可以调整。"创意和商业模式"赋值最高，加上"团队"因素，合计达 100 万~200 万美元，占总估值的一半，人的因素的权重最高。博克斯法的实际应用，需要针对一个企业的实际情况，权衡每项要素的满意程度评价打分。

①"创意和商业模式"。创意独特，融汇文化与大健康产业，评价得分 10 分，100 万美元（100×10/10）。

②"管理团队"。整体素质上乘，专业互补和经验不足，评价得分 7 分，70 万美元（100×7/10）。

③"产品或服务的原型"。若已开发出具有潜力的产品或服务原型，估值为 50 万美元（100×5/10）。

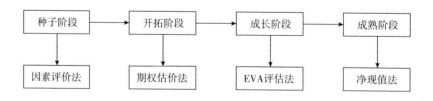

图 2-3 风险投资项目估价方法基本选择框架

④"市场潜力"。所在市场规模巨大且增长迅速，市场潜力巨大，但目前产品较单一。评价得分 7 分，估值为 70 万美元（100×7/10）。

⑤"技术专利"。拥有相关的有价值技术专利，评价得分 5 分，估值为 50 万美元（100×5/10）。

五项评价要素合计分数 34 分，整体估值 300 万~400 万美元，最终双方协商可能按 350 万美元达成一致。

2. 共识估值法

共识估值法主要用于解决在投资前投资方与被投资方在企业估值方面存在较大分歧且难以达成一致的情况。也称为"风险投资前评估法"，是天使投资人对企业投资意愿执着，但估值水平与企业差异较大，无法取得一致。于是双方先商定一个回报率引进投资，等到下一轮投资时，依据风险投资基金给出的公司估值，反推上一轮的相关数据如天使投资人估值和股权占比。其核心在于先不纠结当下的估值定价，而是先商定回报率引入投资。

风险投资前评估法能够在一定程度上缓解双方在初始投资阶段的估值矛盾，为投资合作提供了一种灵活的解决方案。这种估值方法实际反映了天使投资人和风险投资人对企业的一致评价，因而称为共识估值法。

【案例】

假设一家初创科技企业，假设天使投资人初始估值为 400 万元，投资 100 万元，要求股份占比 20%。但某公司坚持估值 800 万元，双方无法达成一致，于是商定天使投资人 100 万元投资不变，约定内部收益率为 40%，到第二轮融资时，利用风险投资人估值推算天使投资的估值定价。

两年后，某公司进行第二轮融资，风险投资人对公司估值为 1200 万元。在此基础上计算第一轮天使投资的估值水平是 612 万元。

$$\frac{1200}{(1+40\%)^2}=612（万元）$$

股份占比 14%［100÷（612+100）= 14%］。这个估值与企业当初估值相近，而天使投资人看到企业发展符合预期，也可以欣然接受。通过这种方式，最终达成了天使投资人和企业之间的"共识估值"，既满足了天使投资人的投资意愿，也在一定程度上平衡了企业对自身价值的预期。

3. 风投专家评估法

风投专家评估法是利用投融资双方对企业发展预期，推算企业未来价值，再用投资和企业两个"终值"直接计算天使投资人股权占比。操作步骤仍以例子加以说明：

第一步，投资人与企业共同估算企业未来一定时点可以达到的价值水平。比如一个公司目前价值 800 万元，三年后估算达到 2400 万元，增长 3 倍；

第二步，确定投资人期望的投资回报率，并计算投资终值。按内部收益率 50% 计算，三年后终值为 338 万元 $[100 \times (1+0.5)^3 = 337.5$ 万元]。

第三步，用投资终值除以企业三年后预估价值即为投资人股份占比。按两个终值计算（338/2400）投资人股份占比为 14.1%。

这种方法简单直观，其中包含了"对赌"因素，估值结果还要通过双方协商确定。

4. 风险因素汇总估算法

风险因素汇总估算法基于因素分析，而着眼于投资风险。从投资人角度列出包括企业所处发展阶段、管理风险等 12 种风险因素，风险程度分为 +2、+1、0、-1、-2 五个等级，每个因素赋值 25 万元。然后针对企业内外部环境和经营状况，逐项进行评价打分，分数越高表明风险越低。最后用加总分数乘以 25 万元，即为估值总额。

例 1：天使投资人对某公司各项风险因素评价得分如下：

①企业所处发展阶段，存在初创期风险，得 1 分；

②管理风险，团队组成和能力优良，得 2 分；

③政治和产业政策风险，属于国家鼓励发展项目，得 2 分；

④生产风险，采取代工生产方式，风险极低，得 2 分；

⑤市场风险，试销反映良好，营销网络已建成，得 2 分；

⑥技术风险，技术门槛不高，产权保护困难，得 1 分；

⑦融资风险，实收资本少，融资能力较弱，得 -1 分；

⑧市场风险，主要是容易仿冒，替代产品竞争，得 1 分；

⑨诉讼风险，不存在产权争议，将来可能面对消费者投诉，得 1 分；

⑩国际风险，暂未计划进入国际市场，得 2 分；

⑪信誉风险，暂不涉及，得 2 分；

⑫退出通道风险，已有新三板挂牌规划，但存在不确定性，得 1 分。

评价因素合计得分 16 分，估值总额为 400 万元（16×25 = 400 万元）。

这种方法原理与博克斯相似，都是基于企业经营要素条件，但更注重风险对企业价值的影响，是一种比较保守的估值方法。

例 2：假如要对一家创新型科技企业进行风险评估和估值。

①企业所处发展阶段：该企业处于快速成长期，风险程度为 +1，得 25 分。

②管理风险：管理团队经验丰富但缺乏应对重大危机的经验，风险程度为

0，得0分。

③市场竞争风险：所在行业竞争激烈，新进入者众多，风险程度为-1，得-25分。

④技术创新风险：技术研发投入较大，但成果转化存在不确定性，风险程度为0，得0分。

⑤财务风险：资金流较为紧张，偿债能力一般，风险程度为-1，得-25分。

⑥法律法规风险：所在行业法规政策变化频繁，企业适应能力有待观察，风险程度为-1，得-25分。

⑦宏观经济风险：受宏观经济波动影响较大，风险程度为-1，得-25分。

⑧供应链风险：部分关键原材料依赖少数供应商，风险程度为-1，得-25分。

⑨销售渠道风险：销售渠道相对单一，风险程度为-1，得-25分。

⑩人力资源风险：关键技术人才有流失迹象，风险程度为-1，得-25分。

⑪品牌与声誉风险：品牌知名度较低，市场认可度有待提高，风险程度为-1，得-25分。

⑫战略规划风险：企业战略规划不够清晰明确，风险程度为-1，得-25分。

将各项得分相加：25+0-25+0-25-25-25-25-25-25-25-25=-200分

估值总额=-200×25万元=-5000万元

负的估值总额表明该企业的投资风险较高。在实际应用中，评估人员需要根据详细准确的信息进行更为客观和准确的评价打分。

5. 太极—布鲁诺指标法（Tyebjee-Bruno）

太极—布鲁诺指标法是一种用于评估初创企业投资潜力的方法。该方法通常考虑多个关键因素来评估企业的吸引力和成功可能性。这些因素可能包括市场吸引力、产品独特性、管理团队能力、财务状况等，指标也是可以调整的。在此举例对项目（企业）的市场吸引力、产品/服务的独特性、团队管理能力以及对环境威胁抵抗力这四个维度，来判断某一个创业项目（企业）的价值（见图2-4）。

通过对这些因素进行分析和打分，综合得出一个评估结果，以帮助投资者判断是否对该初创企业进行投资以及投资的潜在价值有多高。

然而，在实际的操作过程中，不同的投资方在多年的实践经验中会总结出自成体系的一套评估模型，对于大的投资公司尤其如此。研究国内外不同资本给出的项目评估框架，可以发现各自青睐的指标不尽相同，但总结来说仍然有一些关

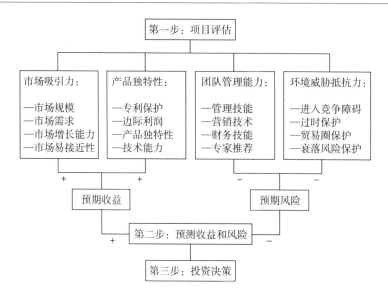

图 2-4　Tyebjee-Bruno 指标体系

键优势最能够吸引资本方。例如团队与管理者、产品/服务的竞争优势，商业模式和增长潜力等。具备这些因素的领先优势的项目或企业，往往在跟资本的谈判中能掌握主动权。

不过，这种方法也有其局限性，如对某些因素的评估可能具有主观性，而且市场环境的变化可能会影响评估的准确性。

6. 卡普兰—斯特龙伯格指标法

卡普兰—斯特龙伯格指标法（Kaplan-Stromberg）在投资决策中的运用主要体现在其作为平衡计分卡理论的一部分，该理论由卡普兰与诺顿提出，并逐渐发展成为一个战略实施工具。尽管直接提及卡普兰—斯特龙伯格指标法在投资决策中的具体应用细节较少，但平衡计分卡理论强调从财务、客户、内部流程、学习与成长四个维度评估企业绩效，这同样适用于投资决策的评估过程。投资者可以借鉴这一多维度的评估框架，更全面地分析投资项目的潜在风险和回报，从而做出更明智的投资决策。具体而言，投资者可以关注项目的财务指标、客户满意度、内部运营效率以及长期成长潜力，这四个方面相互关联，共同构成了投资决策的综合考量体系。

卡普兰—斯特龙伯格分析了 20 家风险投资机构在 42 家风险企业中进行投资的分析报告/备忘录，从风险企业的商业计划书、投资合同、财务报告中收集必要的补充信息，列出了风险投资家筛选项目与评估的具体过程，同时将投资准则分为四大类：包括投资机会的吸引力（风险企业的目标市场规模、战略、产品/服务/技术、竞争能力）、管理团队、投资条款、投融资环境，并分别就上述四个层次描述了各自的细分子准则，对其中子准则的重要性也进行了实证统计（见表2-5~表2-8）。

表 2-5　Kaplan-Stromberg 指标体系

层次一：投资机会的吸引力（目标市场规模与增长、产品/服务/技术、战略、竞争能力）

确切因素	N	%	例子
大市场规模和增长	30	71.4	是否是在几年里会超过1亿美元的可预见的重要且明显的市场机会 快速增长的大市场 在位者赚取高额利润非常大的市场 从长远看，市场潜力无限 具有良好的人口和私有化趋势的大型和开槽市场 公司可以重大影响计算机行业的发展 商业上的转变有利于公司的市场
有吸引力的产品和增长	15	35.7	产品开发后期阶段（第一个产品推出计划在15~18个月） 卓越的技术和巨大的市场潜力 革命性的新技术 构建了一个能够满足当前市场需求的健壮的可伸缩系统 市场上最好的产品 良好测试的技术/产品 称职/经验丰富的技术团队的后期测试产品公司
有吸引力的商业战略/模式	21	50.0	公司在保持质量的同时大大地降低了成本 强制性商业战略。确认公司联盟的存在或可能性 外包意味着不占用公司管理 商业模式的吸引力和盈利能力 具有出色的新概念 有利的收购机会，将是增长的动力 独特的策略 高附加值、高利润的低资本战略 "精益和平均"操作，员工少，客户关注度好 单一经营企业
客户采纳的可能性很高	16	38.1	专业社群的概念接受 大客户的公开测试安排 定期更新客户的坚实基础 在顾客中越来越流行 公司有非常有趣的公开测试网站，市场对产品很感兴趣 大公司是客户并且对产品和管理团队的能力持肯定态度 吸引顾客价值主张

确切因素	N	%	例子
有利的 竞争地位	20	47.6	公司拥有使用这项技术的所有重大研究成果的知识产权，而不是非常具有威胁性的竞争对手 公司目标正命中一个在职人员服务不周到的重要的市场分割 高度分散的行业使整合行业成熟 没有竞争对手 早期进入者 很少有有效的替代方案，目前没有针对所有三个目标段的替代方案 先行者优势，类似亚马逊和 AOL 考虑到市场的广阔，几位竞争对手的空间已经足够了 强大的专利和专利地位 有着早期渗透的潜在的巨大的市场份额——会议明确解决的需求
上述任何一种	41	97.6	

注：N 表示问卷调查中被提及频次，百分比表示指标的重要性占比。

表 2-6　Kaplan-Stromberg 指标体系层次二：管理团队

明确的原因	N	%	例子
管理质量	27	64.3	对管理团队感到满意 管理团队在行业中代表最高的质量 有经验的管理团队是成功的关键驱动力 VC 投资是因为管理团队的质量，相信他们在科学方面，在筹集和保存资金方面很擅长 有经验的，经过证实的，备受瞩目的 CEO 在执行力市场中竞争是关键 很好的首席财务官 长期作为首席执行官 首席执行官/创始人是该行业为数不多的能够吸引必要员工的管理者之一。开发了优良的产品，同时只消耗了少量的资本 有经验的经理从已经成功的风投公司退出 强有力的首席执行官/创始人从现有投资者那里获得很高的分数 目前的管理团队执行得很好 管理团队拥有丰富的互联网和网站管理经验 管理团队的关键成员具有行业经验。团队是平衡的、年轻的、有进取心的 备受追捧的企业家/创始人，他们共同创立了后来成功上市的成功公司。强大的董事会 优秀 CEO 加盟公司 首席执行官非常节俭，不花不明智的资本 执行团队在相当短的时间内获得了大量的渗透和关系

续表

明确的原因	N	%	例子
迄今为止的良好表现	11	26.2	商业模式的吸引力和盈利能力 快速增长：过去四年超过40% 公司拥有一支管理现金燃烧率和避免现金流断裂的团队，甚至能保证公司12个月内现金流安全 管理团队在行业中是最佳组合 公司在业界享有良好声誉 公司迄今已取得成功，并在过去两年中取得了重大进展 销售额增长势头强劲 开发了产品，实现收入目标 公司在业务上收支平衡 到目前为止年销售利润达到320万美元 现金流量是正的
上述任何一种	31	73.8	

注：N表示问卷调查中被提及频次，百分比表示指标的重要性占比。

表2-7 Kaplan-Stromberg 指标体系层次三：投融资环境及退出条件

明确的原因	N	%	例子
金融市场条件和退出机会	9	21.4	如果成功，提前退出或收购的可能性 期望在公开市场上获得债务和股票的吸引力 快速变现的投资潜力 许多战略买家可供选择 最近公众对电子商务公司的热情可能使公共股本融资减少未来的融资风险 考虑到市场机遇和公司战略，资本市场将接受公司给予的商业计划。此外，随着越来越多的公司进入市场，整合趋势将出现在行业中

注：N表示问卷调查中被提及频次，百分比表示指标的重要性占比。

表2-8 Kaplan-Stromberg 指标体系

层次四：投资条款（价值评估、合同条款、辛迪加与投资组合等）

明确的原因	N	%	例子
估值较低	8	19.0	保守情况下低估值5年IRR46% 非常赚钱的单位模型（60%IRR超过10年） 估值是有吸引力的，如果成功的话应该给予高回报 出口倍数正在上升 VC只需投资100万美元，在200万美元的前期估值

续表

明确的原因	N	%	例子
限制风险的契约结构	10	23.8	参与应该优先保护 VC 独特的投资结构：只有在满足里程碑的情况下才能投入资金；累积的不可转换优先股和定期可转换优先股有利于 VC 从 IPO 收益中收回大部分投资 设备可以用债务融资 赋予投资者控制增长的能力 成功的结构性投资，以尽量减少负面影响，只提供有限的资金，直到里程碑相遇 风险投资承诺将随着时间的推移而投入。如果初始（芝加哥）推出不成功，VC 有选择削减 现金效率的前期感谢公司未来的股票收购 如果需要更多资金，新投资者有减少 VC 投资的好处 风险有限：仅持有公司 4.4% 的股份 能以最少的资本将公司带到主导产业的位置
对其他投资者的积极影响	3	7.1	投资伙伴包括先前投资在一些非常成功公司的投资者 前美国首席运营官牵涉活跃的董事长和临时 CEO，以及投资者 VC 投资的主要原因是，它需要得到一个新的个人投资者：（1）降低 VC 投资比例如果需要更多的资金；（2）投资者的技巧和临时"周转"的正在经营公司的首席运营官
适合 VC 投资组合	9	21.4	在这个细分市场为 VC 投资组合注入更多的气息 VC 在这个地理区域很强大 参与快速增长的市场 与 VC 战略配合良好 VC 在互补业务中占有公司席位，VC 可以促进市场伙伴关系 代表基金新的市场分支，这将刺激一些额外的机会（假设积极的结果）
以上任何一种	22	52.4	

注：N 表示问卷调查中被提及频次，百分比表示指标的重要性占比。

资料来源：How Do Venture Capitalists Choose Investments? Steven N. Kaplan & Per Stromberg（2000）.

第二篇　如何对初创期企业进行估值

第三章　初创企业估值模型的确定

第一节　企业生命周期阶段与企业估值模型
确定的内在逻辑

对于初创高科技企业估值，应当遵循的内在逻辑，首先我们确定什么是高科技企业，"高科技"（High Technology）一词最早出现在 20 世纪 60 年代的美国，1983 年美国《韦氏国际英语大词典》首次收录并阐述"高科技"的完整概念。2016 年我国在《高新技术企业认定管理办法》中将"高新类企业"定义为：具有持续进行研究开发与技术成果转化、形成企业核心自主知识产权，并以此为基础开展经营活动的企业。高科技企业本身具有高成长性与高不确定性特征，导致其价值构成与价值评估方法发生重大变化，与传统企业价值主要来源于主营业务盈利贡献不同，高科技企业价值不仅来自对现金流进行贴现，更多地来自其潜在增长机会的获利价值。

高科技企业价值通常由两部分构成：一是企业利用现有设备、厂房、原料和生产技术所形成的获利能力价值；二是企业运用新技术、新标准和新的发明专利等无形资产所创造出的潜在获利机会价值。前者不确定性程度较低，价值可以预知，企业价值来源于相对稳定的现金流现值，可用 DCF 或 EVA 模型计算；后者不确定性程度较高，价值不可预知，企业价值主要来源于企业未来发展机会所创造的期权价值，可用实物期权定价公式计算。

考虑到初创高科技企业现有盈利能力价值，可用以折现未来现金流现值的 V_1

部分并不稳定，而仅通过高科技企业潜在发展机会价值即实物期权价值 C 来表述企业价值又过于单一。在此将两者都纳入估值模型，使高科技企业价值可以从未来盈利能力价值和潜在发展机会价值这两方面来衡量，即有 $V = V_1 + C$。

有人认为，这些高新类企业无法被评估，因为它们缺乏历史记录，有时甚至尚无可出售的产品或服务。本章将提出一种不同的看法，虽然评估年轻企业要比评估已成型的企业更加不易，但估值的基本内容却并没有改变。初创企业的价值同样等于它们的预期经营性现金流现值，虽然这些预期现金流或许需要我们去发掘非同一般的信息来源。

一、企业生命周期与阶段估值逻辑

1988 年，伊查克·爱迪思（Ichak Adizes）的《企业生命周期》一书出版，凭借此书他创立了同名管理学派，并成为当代最具有影响力的管理学家之一。可以依据他的方法把企业发展划分为创建期、成长期、成熟期和衰退期四个阶段，每一个生命周期阶段有不同的经营特点和价值特征，阶段下其价值构成和风险来源不同，价值驱动力也各不相同。比如创建期与早期成长阶段，企业缺乏资金，现金流大都为负值，同时企业技术研发与产品销售不确定性很大，企业价值主要来源于未来增长机会所产生的实物期权价值。随着企业从成长阶段发展到成熟阶段，企业部分增长期权价值转化为主营业务资产价值，促进现金流增长，同时企业技术与市场的不确定性风险降低，增长期权价值减弱，企业价值主要来源于现金流贡献。然后依据企业生命周期考察各阶段下公司的价值特征，以确定这个阶段的相应公司是不是符合估值模型假设前提，并以此验证该阶段下的估值模型的有效性，以最终确定初创高新类企业的估值模型。

根据企业发展阶段和所在行业的发展空间来确定高科技企业在整体价值构成中，分别利用现有固定资产创造的价值和实物期权价值的占比数量，对高科技企业价值进行专业性衡量。在估值实践中，往往采用多种估值模型相互印证。如果获得的结果接近，可以增强对估值结果的信心。而且市场价格受多种因素影响，如企业层次因素、市场主流理念、行业和宏观经济大环境是否有利。近几十年来，企业估值技术并没有发生革命性变化，高科技企业估价主要是从完善经验数据基础和行业数据，完善资本成本估算的数据基础，使估值的依据更加充分，从而易于被投资者接受（见表 3-1）。

表 3-1 高科技企业生命周期价值构成与驱动、特性及适用估值方法

阶段	价值构成	价值驱动因素	特性	可用估值方法
初创	技术创新增长期权价值	核心技术突破与研究能力	行业空间和客户黏度是评估关键。大多数还未开始盈利,规模不大,业绩具有高度不确定性	期权定价中的 BS 模型,VM 指数,实物期权法以及 PS 估值
成长	现有能力价值相对较小,以未来机会期权价值为主	技术与产品创新能力、融资与经营能力	营收快速增长是关键。企业面临的风险较初创期小,营收增速往往会大于净利润增速,其中对于研发支出相对较高的高科技或医药行业,其净利润往往会被研发支出所抵消,此时企业会有大量无形资产和尚处研发中的技术。因此,要关注企业能否跨越盈亏平衡点	PS、EVISALES、PEG,同时对高新科技产业可以采用一些非财务指标,如研发人员比重、研发支出占比等反映公司的未来竞争力
成熟	现金流价值占主要地位,创新产品增长期权价值	维持现金流持续增长能力挖掘新业务与新机会能力	业绩和现金流是关键。进入成熟期的企业产品销售进入稳定流程,因此营收和净利润增速放缓,市场占有率基本定型,着重分析其净利润的增速变化	多种估值最为常用时期,DCFPE、PB、PS、EV/EBITDA、RNAV 等估值方法均可使用
衰退	未来转型机会期权价值	寻找发展机会与转型能力	当下重于未来,需要注意公司的资产情况	重置成本法

二、企业生命各周期企业模型确定机理

企业从创立到衰退的各个阶段,企业在生命周期里折现现金流现值和实物期权价值是变动的,高新类企业估值模型也随时间阶段呈现不同的变化趋势。

在此主要采用 DCF 模型与 B-S 期权定价模型评估高科技企业价值,其中 DCF 方法以现金流量为评价基础,价值评估偏向于有形资产,着重企业现有资产带来的现金流量收益。B-S 模型以未来投资获利机会为评价基础,价值评估偏向于无形资产,着重企业未来增长期权价值。因为金融期权的估价前提需要有股票当前价格、期权执行价格、期权有效期、收益率标准差等参数,而高科技企业并不具备数据基础。实物期权则需要资产未来现金流现值、投资项目预期总成本、投资机会存在期间、资产价值不确定性和无风险利率。使用 DCF 模型与 B-S 期权定价模型评估企业价值,两者具有互补关系,估值时应先运用 DCF 方法计算

现有资产价值，再用实物期权法研判投资机会价值。DCF 与实物期权方法优缺点比较参见表 3-2。

表 3-2　DCF 与实物期权比较分析

因素	DCF 方法	实物期权方法
思考方式	静态、确定、一维	动态、不确定、多维
假设条件	投资可逆、不可延缓	投资不可逆、可推迟
折现率	高折现率对冲高风险	风险中性、无风险利率
风险态度	惧怕风险、被动接受	正视风险、主动应对
决策实施	刚性决策、立即投资	柔性决策、可延迟投资
估值结果	企业价值或被低估	挖掘企业增长机会价值

　　高科技企业价值评估是一个动态连续的过程，应着重分析企业所属阶段现金流来源与未来获利机会用不同方法评估企业现有资产与期权价值，提高企业价值评估的可靠性和有效性。

第二节　各阶段高科技企业价值驱动因素

一、创建期高科技企业模型选择分析

1. 创建期高科技企业的运营特点

　　为了科学评估高科技企业价值，首先需要研究企业生命周期不同发展阶段价值特征与阶段驱动因素。在创建期阶段，虽然企业具有一定基础设施和研发能力，但是没有完整的运营组织系统，资金实力较弱，企业规模较小，资信水平较低，收益较低，仅仅依靠企业现有资金和能力，无法获取现金流收益。产品大多尚未获得验证，市场尚未形成或者刚刚初步形成。要么无经营活动、无经营记录，也无可比公司；要么经营活动产生的收益不足以支持运营活动，公司的价值完全取决于它在未来的增长潜力。因为可用信息有限，这些公司的估值问题最具挑战性。

　　这个阶段需要尽力估算各种数据，但偏差可能很大。为了估算未来增长率可根据现有管理者的素质是不是有着将前景理念成功转化为商品的能力。处在这一阶段，那些曾经将理念转变为钞票的经理，能使公司更容易博得潜在投资者的信任。

此时企业整体价值，是由其技术创新所带来的增长期权价值组成。因此，在创建期，企业价值驱动因素主要是来自企业核心技术的突破和关键人员的研究能力。比如企业关键人员在商业模式上的创新和选择，在客户价值主张、盈利模式、关键资源、关键流程等要素构成上有突破，新兴商业模式改变企业价值链思维的线性特征，在价值实现方面，就会为企业发展带来机会（见图3-1）。

由于高新技术企业价值增长方式具有特殊的期权属性，在企业整体价值构成中，企业利用现有固定资产创造的价值占比较少，而实物期权价值占比更大、贡献更多，对高新技术企业价值增值有着更为深远的影响力。

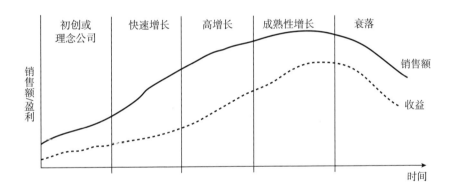

图 3-1　企业的生命周期

表3-3中描述了企业的生命周期，包括在生命周期内的信息可得性以及价值变化的缘由。

表3-3　生命周期内信息可得性与价值变化

	初创或理念阶段	快速增长	高增长	成熟性增长	衰落
销售额/现行经营	极低或为零的销售额：经营性收入为负	销售额通增：收入仍然很低或为负	高增长期的销售额：经营性收入也在增长	销售额增长放低：经营性收入仍在增加	销售额和经营性收入增长率下降

续表

	初创或理念阶段	快速增长	高增长	成熟性增长	衰落
经营历史	无	很有限	一定的经营记录	可将经营记录用于估值	充足的经营记录
可比公司	无	有一些,但处在相同增长阶段	更多可比公司,分处不同阶段	大量可比公司可用于估值	可比公司数目减少,大多数已成熟
价值来源	完全出自未来的增长	大部分出自未来的增长	部分出自现有资产;但增长因素仍占主导地位	更多出自现有资产而非增长因素	完全出自现有资产

2. 创建期高科技企业价值驱动因素

企业价值的驱动因素包括财务状况、市场竞争优势、战略规划和企业管理层和员工素质等多个方面。它不仅反映企业的财务状况,还能评估企业的潜在价值和竞争优势,包括如下因素:

第一,企业的财务状况是企业价值的基础。企业的收入、利润和现金流等财务指标是企业价值的直接反映,也是企业运营成果的体现。一家企业的财务状况越好,其价值也会相应地越高。因此,企业应该通过不断提高经营管理水平,优化成本结构,提高利润率,从而提升企业价值。

第二,企业的市场竞争优势。如果企业在市场上拥有竞争优势,就能够获得更多的市场份额和更高的利润,就更有价值。企业的竞争优势可能来源于多个方面,如品牌知名度、产品质量、服务水平、销售网络等。企业需要根据自身情况和市场环境,不断强化竞争优势,以提高企业价值。

第三,企业的战略规划。战略规划是企业未来的发展蓝图,它决定了企业未来的发展方向和目标。一个好的战略规划可以提升企业的竞争力,从而驱动企业价值的提升。企业在制定战略规划时,需要充分考虑市场需求、技术发展趋势和竞争环境等因素,以确保战略规划的科学性和可行性。

第四,企业的管理层和员工素质也是企业价值的重要驱动因素。一个优秀的管理团队和员工队伍可以为企业带来更大的竞争优势和更多业务机会。管理层的能力、经验和决策水平直接影响到企业的运营和发展。而员工的素质和技能水平则直接影响到企业的生产效率和产品质量。因此,企业应该通过不断培训和提高员工素质,激发员工的创造力和工作热情,从而提升企业价值。而且企业整体价值主要由企业技术创新带来的增长期权价值构成，因此该阶段企业价值驱动因素主要来自企业核心技术的突破与关键人员的研究能力。

创建期主要特征有以下两点：一是资金需求量大；二是不确定性因素多。创建期需要投入大量资金用于创建研发条件、建设生产线，企业资金不断流出，账面收益和净现金流量一般为负值。在此阶段，尽管企业拥有一定基础设施与研发能力，但由于没有形成完整运营组织系统，缺乏资金实力，企业规模较小、收益和资信水平较低，仅凭企业现有资源与能力，难以博取现金流收益。

综上所述，企业应该充分认识到这些因素的重要性，并通过不断提升经营管理水平、强化竞争优势、制定科学的战略规划以及提高员工素质等措施，来不断提升企业价值。

高新技术企业不同发展阶段价值变化曲线如图3-2所示。

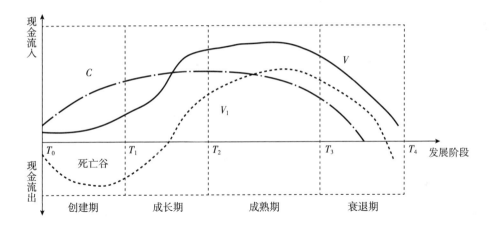

图3-2　高新技术企业不同发展阶段价值变化曲线

3. 创建期高科技企业风险因素分析

创建期，是企业产品从样品转变成为商品的阶段。在这一阶段，高新技术企业的核心技术价值形成和转化会面临以下两种风险：

其一是产品技术风险。攻关创新技术、研发创新产品是探索性、开创性的工作，技术不确定性风险非常大，在研发新品时容易遇到各种技术障碍而停滞不前，产品的领先技术容易在短时间内转变成为一般技术，甚至是落后技术。如果产品专利失去保护，那么会降低企业的竞争优势，导致企业增长期权消失。企业研发新品一般需要经历技术发明、产品试制、产品定型三个阶段，由于存在诸多不确定性因素，如技术专利转化是否成功、关键技术是否按时突破、产品设计是否先进等，容易导致产品开发的失败，给企业带来严重的价值损失。

其二是产品创新价值失效风险。高新技术企业投资和市场接受程度有着紧密联系，高新技术企业创新产品通常是以全新技术成果为基础，而创新产品和成果能否被市场接受，具有一定的不确定性，因此企业创新产品需要有市场的认可，否则会影响到其投资价值。

在创建期，由于实物期权会全面考虑到目标企业未来发展中有可能出现的不确定性，对不确定性中蕴藏的柔性管理价值进行量化评估。而企业价值评估是指投资者采用科学合理的估值方法，对企业整体经济价值进行分析判断和衡量估值的过程。由于高新技术企业本身差异化特征明显，其细分行业、运营模式、资本结构各不相同，很难找到统一的估值方法，因此，需要针对生命周期不同发展阶段企业价值特点分别进行具体分析，选择最为合适的估值方法。

4. 创建期高科技企业模型确定

创建期估值方法。尽管在创建期阶段，企业初步具备了新产品研发的试验条件和研发能力，但只有少量产品可以进行试产和进入市场销售，大部分新技术和新产品都在研发阶段，还没有获得最终研究成果，这些新产品是否可以进行批量生产、是否可以进行市场销售、未来市场收益如何都是不确定的，企业基本上是利用创新能力、专利技术等无形资产，给企业带来期望收益，而且由于缺乏资金和人才实力，缺少完整的运营组织系统，企业很难利用现有资源博取现金流收益，企业价值主要来源于未来增长机会的期权价值，因此该阶段不宜采用收益法进行估值。

此外由于创建期企业通常缺乏充分的历史数据，而且对于初创企业来说，主要资产大多是技术专利等企业无形资产，这些资产进行估值存在定价局限性，是不宜采用成本法进行企业价值评估的。历史数据的作用就让投资方对公司的基本资产结构有一个大概的认识，参考各阶段的销售额、营收水平、利润率，参考公司固定资产的比例、收入与现金流的关系等指标可以大致评估公司的基本状况，这些数据改变时，又易于使人发现公司的经营策略或者经营环境是不是发生了改变，是不是需要对公司进行重新分析与定价。并且整个市场的历史数据相对来说参考价值更大，现在市场是整体高估还是整体低估，若一家公司历史数据一直好于同行业水平，说明该公司的管理水平相对更高或者有它独特的竞争优势，当这种特点一直存在，公司就将持续获得额外收益，收益的日积月累将为公司提供高于行业的发展能力。

当公司缺乏这些数据时，如何在信息不足情况下进行估值就只能依靠风险管理策略和风险投资家的经验了。在此阶段，企业面对诸多潜在投资机会时，优秀的管理层，能够促使企业抓住未来价值增长机会，获得长远发展，这是一种执行各种实物期权的权利。这种"选择权利"有利于初创高新类企业把握未来价值增长机会，帮助企业实现阶段的持续发展。所以创建阶段，可以利用实物期权定价，对企业价值进行评估。实物期权可充分考虑到目标企业未来发展过程中可能出现的各种不确定性，量化评估不确定性中蕴含着柔性管理价值。相关研究显示，初创高科技企业大多利用 B-S 模型估值。但利用该模型进行实物期权定价时，如果参数含义出现变化，其定义也需要进行重新修订。

综上分析由图3-2可见，在创建期（$T_0 \sim T_1$）期间，V_1 通常为负值，并呈负向扩大趋势；实物期权价值 C 为正值，并呈现快速上升趋势，其值远大于 V_1；由 $V = V_1 + C$ 可知，企业整体价值 V 为正值，并缓慢向上增长，其值主要来源于实物期权价值 C 或管理团队价值。

创建期，选用实物期权定价方法评估高科技企业价值更为合适（Siddiquiab and Takashimac，2012）。实践中通常选用 B-S 模型进行估值，其公式为式（3-1）：

$$C = SN\ (d_1)\ -Xe^{-r(T-t)}\ N\ (d_2) \tag{3-1}$$

$$d_1 = \frac{\text{In}\ (S/X)\ + \ (r+\sigma^2/2)\ (T-t)}{\sigma\sqrt{T-t}}$$

$$d_2 = \frac{\text{In}\ (S/X)\ + \ (r-\sigma^2/2)\ (T-t)}{\sigma\sqrt{T-t}} = d_1 - \sigma\sqrt{T-t}$$

式中，C 为期权买入价格；X 为股票价格；S 为交易价格；r 为无风险利率；σ 为收益波动率；$T-t$ 为期权有效期，$N\ (d)$ 为标准正态分布概率。

需要说明的是 B-S 期权定价模型原本应用于金融期权定价，在实际应用于实物期权定价时，参数含义发生变化，需重新修正定义，实物期权与金融期权定价参数界定描述，参见表3-4。

表3-4 实物期权与金融期权定价参数对比

定价参数	金融期权	实物期权
标的资产价格	股票当前价格	资产未来现金流现值
期权执行价格	期权执行价格	投资项目预期总成本
期权到期日	期权有效期	投资机会存在期间

定价参数	金融期权	实物期权
波动率	收益率标准差	资产价值不确定性
折现率	无风险利率	无风险利率

二、高增长阶段高科技企业的模型选择分析

1. 高增长阶段高科技企业运营特点

一旦赢得了客户和确立了市场地位，公司的销售额就会迅速增加，虽然仍有可能出现亏损。但在此阶段，公司的经营状况已经能够为定价、利润率和预期增长率提供有用的线索，但是目前的利润率还难以预料未来。公司的经营历史依然有限，且在不同时期变化甚大。其他公司大多已处在经营状态，而且处在与估值对象相同的增长阶段。在此阶段，估值会变得略为简单，但信息依然有限且不可靠，估值所需数据有可能随着时间的推移而发生很大的变化。

在成长期，企业价值驱动因素涉及两个方面：其一是产品技术创新能力；其二是筹措资金能力。在产品技术创新能力方面，随着企业创新产品的上市，竞争对手变得越来越多，这时企业需要具有较强的快速创新能力，对更多的专利技术和产品进行开发，提升企业竞争能力。在筹措资金能力方面，成长期企业资金需求较大，需要寻找更多融资途径筹集资金，促进企业长远发展。这一阶段，尽管企业主营业务有销售回款收入，但同时也有较高的经营性支出，现金流不稳定，企业现有资产获利值较小，企业增长期权价值的地位较高。

在商业模式上的价值捕获方面，与工业经济时代企业以产品为核心的经营模式相比，初创期的公司能否通过免费产品或有特色的服务，吸引潜在用户，使企业用户流量、市场份额在短期内实现高速成长，并通过延伸产品价值链或增值服务开辟多元化的盈利模式来实现盈利。或者及时对供应链公司进行有效整合，为用户带来极佳的体验感，以及进一步优化企业供应链，从而实现企业与用户、供应商、第三方企业等利益相关者之间的合作共赢与价值共创。

在此阶段，企业虽然增长迅速，但盈利的增加却有可能落后于销售额。此时，企业的经营活动和历史已经包含了可用于实施估值的信息。可比企业的数目在此阶段通常也最多，而它们在所处生命周期的阶段方面也更加多样化，从小型、高增长竞争者到较大的、较低增长的竞争者。该企业当期资产具有很大的价

值，但更大部分的企业价值仍然出自未来的增长。在此阶段，可以获得更多的信息，对各种数据的估算也更加便利。

2. 高增长阶段高科技企业价值驱动因素

（1）处在生命周期较早的各个阶段，估值问题无疑更具有挑战性，因为关于新创或高增长公司的价值估算可能包含各种错误。但是，出于以下两个原因，对于这种公司的估值所能得到的回报也可能最大：第一，信息的缺乏会使许多分析者为之却步，能够坚持完成估值的分析者，无论准确度如何，都有可能获得回报；第二，这些公司最有可能以首次公开募股、发行新股的方式进入金融市场，故而需要对它们进行估值。

（2）成长期价值驱动因素。高新技术企业成长期可分为两个阶段（Baranov and Muzyko，2015）：第一，企业早期成长阶段。此阶段企业销售收入快速增长，现金流量状况得以改善。然而为了获取更多市场份额，仍需加大资金投入，现金流仍然呈现净流出，V_1 仍为负值。此时企业既要扩大现有产品销售规模，又要大力开发更具竞争力的产品，以创造更多的获利机会，企业价值主要由 C 构成。第二，加速成长阶段。在该阶段，企业盈利开始补偿前期资金支出。由图 3-2 可见，V_1 由负值穿越零轴向正值转变，产品规模化效应又使企业经营成本逐渐降低，V_1 呈现快速上涨态势。与此同时，企业前期培育的实物期权价值开始发挥作用，并呈现持续上升趋势，企业整体价值 V 向上穿越曲线 C，呈现加速上升态势。可见，在加速成长阶段企业整体价值由 V_1 和 C 两部分组成。

在成长期企业价值驱动因素主要来自两个方面：一是产品技术创新能力。随着企业创新产品纷纷上市，面临的竞争对手越来越多，此时企业需要具备快速创新能力，开发更多的专利技术与新产品，增加企业竞争实力。二是筹措资金能力。成长期企业资金需求依然很大，需要寻找更多融资渠道筹集所需资金，支持企业快速发展。此阶段虽然企业主营业务已有销售回款收入，但经营性支出很大，现金流 V_1 仍然很不稳定，企业现有资产获利价值相对较小，企业未来增长期权价值占据主要地位。

3. 高增长阶段高科技企业风险因素分析

针对成长期企业来讲，尽管具有较为完整的盈利模式与运营体系，但是由于核心竞争力产品较少，市场地位不够稳定。

在这种情况下，高新技术企业发展面临着以下几个方面的风险：

第一，市场风险。随着经济的快速发展和科技的不断创新，市场竞争越来越激烈，高新类企业需要面对更多的市场风险。比如市场需求不足、市场变化快速、竞争激烈等。高新技术企业需要具备市场敏感性，及时调整企业的战略和产品结构，以适应消费者需求的变化。同时，要把握市场机会，加大市场拓展力度，打造品牌，提高企业竞争力。

第二，技术风险或新产品研发失败风险。高新技术企业的核心竞争力在于技术创新，技术风险是高新技术企业面临的主要风险之一。技术风险表现在技术更新换代迅速、技术成果的商业化难度大、研发资金的投入等方面。高新技术企业需要通过加强与院校、科研机构的合作，优化企业自身的研发机制，不断提高企业的创新能力，降低技术风险的影响。此外，企业新产品是否可以按时研发出来并推向市场，存在一定的不确定性。若创新产品研发失败，投入资金将无法收回，还会失去市场机遇，目标企业有可能会停业破产。

第三，资金风险。资金风险是高新技术企业面临的核心问题之一。企业为了保持稳定增长，需要投入更多设备、原材料，扩大产品销售规模；需要投入大量新产品，导致大量现金流流出。由于高新技术企业的创新周期长，投资风险高，资金需求大，企业发展资金面临巨大压力。所以要加强内部管理，提高资金使用效率，增加资金来源渠道，优化财务结构等，以降低企业的资金风险。

第四，经营性风险。对高新技术企业来讲，生产和销售规模不断扩大，各类人员不断增多，新增业务启动，会导致企业面临更多的经营性风险，这也要求企业经营水平、管理能力不断提升。

第五，员工风险。人才是高新技术企业的重要资源，员工流失率高、人才竞争大成为高新技术企业面临的重要问题之一。高新技术企业要加强对员工的管理和培养，为员工提供好的职业发展环境和待遇，提高员工的满意度和忠诚度，降低员工的流失率。

第六，法律风险。高新技术企业在经营过程中，需要遵守众多有关知识产权、劳动合同、环境保护、税法等法律法规，以避免涉及法律问题，造成不良后果。高新技术企业要建立健全企业的法务体系，合法合规经营，降低法律风险。

第七，政策风险。高新技术企业发展受到政策和环境因素的影响，政策的变化容易给企业经营带来困难。高新技术企业要加强对政策的研究和预测，及时调整企业战略，规避政策风险。

综上所述，高新技术企业在高增长阶段面临诸多风险，企业需要加强风险管理，规避和控制风险的影响。需要注重内部管理，增强企业的可持续发展能力，健全企业的财务体系，提高财务专业知识和能力，以应对未来的不确定性。

4. 高增长阶段高科技企业模型确定

成长期是估值方法选择上最为复杂的一个时期，采用单一的评估方法都具有其局限性。成长期企业核心竞争优势不足，企业现金流量会发生两方面变化：一方面企业利用前期专有技术开发形成的主营产品销售现金流量不断流入；另一方面企业为了维持增长势头，提高市场占有率超越竞争对手，博取未来超额收益，仍需要不断投入大量资金开发新产品与提升生产能力，又使现金流大量流出。面对成长期高科技企业现金流量进出变化现状与发展趋势，应对企业价值评估的思路与方法作适当调整，在权衡考量目标企业"现有产品"与"新开发产品"对企业整体价值增长的贡献程度差异的基础上，选择与其相匹配的估值方法综合评估高新技术企业整体价值

鉴于成长期企业产品技术与现金流量处于不稳定状态，仍需要大量资金维持正常运营，同时新产品上市后，能否被消费者认可，能否战胜竞争对手，能否创造超额利润，仍然存在很大的不确定性。可选择实物期权方法与 DCF 方法相结合方式评估企业价值：对于新开发专利技术产品，运用实物期权估值方法更为合适；对于现有主营业务已形成稳定盈利能力的产品，可选用 DCF 方法进行估值。由于高科技企业具有高成长性和多阶段性特征，企业现有资产价值由两部分组成：第一部分是企业高速成长阶段现金流现值之和；第二部分是进入成熟期稳定增长阶段期末价值。计算公式如式（3-2）和式（3-3）所示。

$$V_1 = \sum_{t=1}^{n} \frac{FCFF_t}{(1 + WACC)^t} + \frac{FCFF_{n+1}}{(1 + WACC)^n \times (WACC - g)} \tag{3-2}$$

$$WACC = R_b \times (1 - T) \times \left(\frac{D}{E + D} \right) + R_s \times \left(\frac{E}{E + D} \right) \tag{3-3}$$

式（3-2）中，$FCFF_t$，是第 t 期末企业自由现金流量；V_1 是现有资产价值；g 是第二阶段增长率；n 是企业存续期年限；$WACC$ 由债务成本（D）和股权成本（E）构成；R_b 和 R_s 为权益和债务成本；T 为税率。

此外，对于未来选择上市融资的高科技企业而言，采用市盈率法（PE）和市净率法（PB）较为适宜，通过分析参照企业的财务数据和股权价值，吸收参照企业的经营管理经验，对 PE 和 PB 进行相应的修正，以获得企业的市场价值。

三、成熟期高科技企业模型选择分析

1. 成熟期高科技企业运营特点

随着销售额的增长趋于放缓，公司通常会遇到两个新的问题。盈利和现金流继续在迅速增长，体现了以往投资的成效，但对新项目的投资需要则减少了。在此阶段，公司的经营体现了未来，经营历史可以提供关于市场的大量信息，处在相同阶段上的可比公司为数众多。现有资产对公司价值的贡献不小于预期增长，而估值所需各项数据也可能趋于稳定。

成熟期企业主营产品市场占有率相对较高，且具有完善的产品组合与盈利模式，具有较高竞争优势。随着经营业绩不断提升，销售利润和现金流量也在不断增长，能够对企业未来现金流量进行准确预测。企业早期培育的实物期权正在转变为获利能力，使现金流增长。这时企业价值的主要来源已经转变为现金流量。

在该阶段，企业为了保持业绩的不断增长，会继续研发新产品，创造新的增长期权。针对成熟期企业来说，价值驱动因素涉及两个方面：其一是维持现金流稳定增长的经营水平；其二是挖掘新业务、创造未来价值增长机会的水平。相应地，企业价值组成也涉及两个方面：其一是企业现有主营业务现金流收益价值；其二是企业实物期权价值。

2. 成熟期高科技企业价值驱动因素

成熟期企业主营产品市场占有率较高，企业拥有完善的产品组合和盈利模式，经营业绩稳步上升、竞争优势不断增强、销售利润与现金流量稳定增长，可以较为准确地预测到企业未来现金流量。企业早期培育的实物期权正在不断转变为现实的获利能力，促进现金流进一步增长，现金流量已成企业价值的主要来源。在成熟期阶段，企业为了实现长期业绩稳定增长，还会继续进行新产品研发，创造新的增长期权价值。由图 3-2 可见，在成熟期（$T_2 \sim T_3$），企业现金流 V_1 呈现持续增长态势，向上穿越曲线 C，成为企业价值的主要来源于重要贡献者。此阶段由于技术与市场不确定性风险降低，企业增长期权价值也随之降低，前期注资的风投机构通常会选择执行期权获利退出，企业实物期权价值 C 呈现由平稳下跌至快速下行的态势，对企业价值贡献率不断减小。

成熟期企业价值驱动因素来自两个方面：一是维持现金流量稳定增长的经营能力；二是挖掘新业务和创造未来价值增值机会的能力。因此，企业价值由两部分构成：一是企业现有主营业务现金流收益价值，是企业整体价值的主要贡献

者；二是企业实物期权价值，是企业未来价值增长的源泉。

3. 成熟期高科技企业风险因素分析

在成熟期，企业具有完善的组织体系，且具有一定的市场基础，企业面临的风险有所降低。研究显示，该阶段企业面临的风险主要是市场环境的不确定性。因为行业政策收紧、竞争规则调整，企业创新产品的市场竞争也较为激烈，若产品不被市场认可，会导致产品积压，大量资金被占用，现金流受到影响。

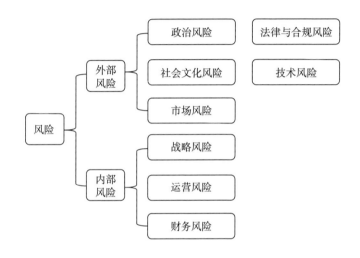

图 3-3　企业风险的类型

如图 3-3 所示企业风险主要分为外部风险和内部风险。其中外部风险有：

第一，政治风险。指完全或部分由政府官员行使权力和政府组织的行为而产生的不确定性，适用于国内外所有市场。比如被限制投资领域，设置贸易壁垒，外汇管制的规定，进口配额和关税等方面的风险。

第二，法律风险与合规风险。合规风险是指因违反法律或监管要求而受到制裁、遭受金融损失以及因未能遵守所有适用法律、法规、行为准则或相关标准而给企业信誉带来的损失的可能性。法律风险是指企业在经营过程中因自身经营行为的不规范或者外部法律环境发生重大变化而造成的不利法律后果的可能性。

第三，社会文化风险。是指由于社会文化环境的变化给企业带来的风险。例如，文化差异。在跨国经营中，不同国家和地区的文化差异可能会导致沟通障碍、管理冲突和市场误解。比如某些手势或行为在一个国家可能是友好的表示，在另一个国家却可能被视为冒犯。

价值观差异。不同的社会价值观可能影响消费者对企业产品或服务的接受程度。一些环保意识较强的地区，消费者更倾向于购买环保产品，而对高污染企业的产品则持抵制态度。

消费习惯变化。社会文化的变迁可能会导致消费者消费习惯的改变，从而影响企业的市场需求。例如，随着健康意识的提高，消费者对健康食品的需求增加，而对高热量、高脂肪食品的需求减少。

第四，技术风险。广义的技术风险是指某一种新技术对另一个行业或另一些企业形成巨大的威胁。狭义的技术风险就是技术在创新过程中，由于技术本身复杂性和其他相关因素变化产生的不确定性，而导致技术创新遭遇失败的可能性。

第五，市场风险。指企业所面对的市场复杂性和变动性所带来的与经营相关的风险。

企业的内部风险则主要有三个方面：

第一，战略风险。具体体现在：一是缺乏明确的发展战略或发展战略实施不到位，可能会导致企业盲目发展，难以形成竞争优势，丧失发展机遇和动力。二是发展战略过于激进，脱离企业实际能力或偏离主业，可能会导致企业过度扩张，甚至经营失败。三是发展战略因主观原因频繁变动，可能会导致资源浪费，甚至危及企业的生存和持续发展。

第二，运营风险。运营风险是指企业在运营过程中，由于内外部环境的复杂性和变动性以及主体对环境的认知能力和适应能力的有限性，而导致运营失败或使运营活动达不到预期目标的可能性及损失。

第三，财务风险。财务风险是指企业在财务管理过程中，由于各种不确定因素的影响，使企业财务收益与预期收益发生偏离，从而产生蒙受损失的机会和可能。表现为筹资风险，企业在筹集资金过程中可能面临的风险，如利率风险、汇率风险、融资成本过高风险等。投资风险，企业在进行投资决策时可能面临的风险，如市场风险、信用风险、流动性风险等。资金回收风险，企业在销售产品或提供服务后，可能面临应收账款无法及时收回的风险。收益分配风险，企业在进行收益分配时可能面临的风险，如股利分配政策不合理、留存收益不足等。

4. 成熟期高科技企业模型确定

在成熟期阶段，企业已经形成完整有效的组织体系，并且有较为坚实的市场基础，企业产品已被市场认可，企业面临的各种不确定性大大降低，系统性风险相对较小，企业市场份额、销售利润、净现金流量均趋于稳定，并可以较为准确预测到未来现金流量。企业前期的增长期权价值获得执行，现金流量已成为企业价值的主要来源。所以在此阶段企业整体价值主要是现有的获利能力所产生的价值，用 DCF 或 EVA 模型进行估值更为合适。企业现金流价值（V_0）计算公式，企业 EVA 及其价值（V）计算公式分别为：

$$V_0 = \sum_{t=1}^{n} \frac{FCFF_t}{(1 + WACC)^t} \tag{3-4}$$

$$EVA = NOPAT - CE \times WACC \tag{3-5}$$

$$V = V_0 + \sum_{t=1}^{n} \frac{EVA_t}{(1 + r)^t} \tag{3-6}$$

其中，$NOPAT$ 为企业税后净营业利润；CE 为企业累计投入资本总额；$WACC$ 为加权平均资本成本。

V 为企业价值，V_0 为企业初始投资资本，r 为预期收益率。

为了实现利润长期稳定增长，在成熟期阶段企业还会继续研发新产品，创造新的增长机会，此时也可采用实物期权方法评估企业价值。

四、衰退期企业的模型选择分析

1. 衰退期企业运营特点

它是生命周期的最后一个阶段。此时，随着公司的业务趋于成熟以及新竞争者的赶超，销售额和盈利都开始下降。现有投资仍然能够生成现金流，然而节奏放慢，公司已无须再投资。因此，公司的价值完全取决于现有资产。可比公司的数目可能有所减少，它们可能都进入了成熟增长期，或者也处在衰落中。

企业经营情况存在一定差异，并不是每个企业都会进入衰退期：部分企业在创建期由于开发产品失败而破产，部分企业在成长期由于资金链断裂而倒闭，部分企业在成熟期由于技术缺乏创新而进入到衰退期。在衰退期，企业价值取决于以下两点：第一，是否通过成熟期积累的现金流成果，给企业转型打下资金基础；第二，是否探索出走出衰退期困境的路径，获取新的发展机会。因此，企业未来的转型机会价值就是该阶段的主要价值。

2. 衰退期企业价值驱动因素

由图 3-2 可见，在衰退期（$T_3 \sim T_4$），随着产品销售规模与收入的急剧下降，企业经营性现金流量与投资性现金流量均呈现持续流出态势，V_1 急剧下滑，最终穿越零轴变为负值；企业原有主营业务大幅萎缩，而没有新的盈利业务增长点，缺乏价值增长机会，实物期权价值 C 呈现快速下降态势，最终趋向于零值。由于 V_1 与 C 均处于下降通道，企业整体价值 V 将由正值蜕变为负值。

所以在生命周期各阶段，高新技术企业具有不同的价值特征，其价值构成和驱动力也各不相同。在创建期与早期成长阶段，企业缺乏资金，现金流大都为负值，同时企业技术研发与产品销售不确定性很大，企业价值主要来源于未来增长机会产生的实物期权价值。随着企业由成长阶段发展到成熟阶段，企业部分增长期权价值转化为主营业务资产，促进现金流增长，同时企业技术与市场的不确定性风险降低，增长期权价值减弱，企业价值主要来源于现金流贡献。

归纳总结高新类技术企业生命周期各阶段价值构成与价值驱动因素，参见表3-5。

表3-5　高新类企业生命周期价值构成与驱动因素

阶段	价值构成	价值驱动因素
初创	技术创新增长期权价值	核心技术突破与研究能力
成长	现有能力价值相对较小 以未来机会期权价值为主	技术与产品创新能力 融资与经营能力
成熟	现金流价值占主要地位 创新产品增长期权价值	维持现金流持续增长能力 挖掘新业务与新机会能力
衰退	未来转型机会期权价值	寻找发展机会与转型能力

3. 衰退期企业衰退期风险因素分析

一般情况下，高新技术企业在衰退期面临的风险主要有以下几个方面：第一，很难维持经营，选择破产清算；第二，被其他企业兼并重组；第三，转型进入到新的业务领域，如果转型的产品无法满足消费需求变化，无法获得市场认可，企业容易破产。

4. 衰退期企业模型确定

此阶段企业价值评估对象有四个：一是正式公告确定"破产清算"的企业；二是被同行业其他企业"兼并重组"的企业；三是转型成功的企业；四是由成熟期自然过渡到衰退期的企业。针对这四种情况，企业价值评估方法选择分别为：对于破产清算企业，可将企业目前所有实物资产变卖后所得到的收入（为清算价值），评估企业价值；对于兼并重组企业，可用实物期权和重置成本法评估其价值；对于转型成功企业，可用实物期权评估其增长期权价值；对于自然过渡到衰退期企业，也可采用 DCF 模型评估其现金流价值。

第三节　初创高新类企业估值的一般分析框架

前文讨论了各生命阶段的公司运营特点、价值驱动和风险来源后，以确定企业估值模型，后文将说明为了评估那些盈利为负、缺乏数据和可比者的公司，如何进行具体分析和处理，其步骤是与其他估价公司基本相同。本节将考察评估年轻公司的每一步骤可能遇到的问题。

一、第 1 步：评估公司现行状况

评估企业的常规做法是从最近财务年度获得当期的财务数据。但就那些盈利为负和销售额高度增长的企业而言，这些数字在各个时期通常波动很大。

高新企业估值首先应该对其企业的高新类企业归类作清晰的判断，因为一般硬件企业和高新类企业的价值可能相差甚远；其次是需要明确企业所处的发展阶段和商业变现模式；最后才是定量指标，如销售额和盈利的信息，新的融资信息，公司相关市场的最新变化等，考察能够获得的所有最新信息，包括可比企业市值也是重要参考指标。纵向的如相对于使用上一财务年度的数据，使用滚动的 12 个月的销售额和盈利可以获得更好的估算值。此外，某些条目（诸如经营性租赁和待实施期权）都时常需要更新。尽量运用最新近的数据评估公司，至少也应坚持使用这些数据的估算值。

二、第 2 步：模型的选择

需要依据能够得到的数据进行分析以后，才对公司估价模型进行确定。投资者对企业的估值实际上反映的是心中的花，而这朵花可能绽放的时间要到几年以后。单单以纸上的花（财务数据等）去评价高新类企业和互联网企业价值远远不够。要从企业生命周期发展视角出发，探析高新技术企业价值构成与价值增长的内在动因，才能优化选择估值方法，为创始人提供企业增值的思路，为投资者提供实用性的估值分析工具。另外，探寻各阶段估值风险形成原因，可以帮助确定公司的风险系数，以及为企业创始人提供相应的价值风险管理策略。

高新技术企业本身具有高成长性与高不确定性特征，导致其价值构成与价值评估方法发生重大变化。与传统企业价值主要来源于主营业务盈利贡献不同，高新技术企业价值不仅来自对现金流进行贴现，更多地来自其潜在增长机会的获利价值。因此，高新技术企业价值通常由两部分构成：一是企业利用现有设备、厂房、原料和生产技术所形成的获利能力价值；二是企业运用新技术、新标准和新的发明专利等无形资产所创造出的潜在获利机会价值。前者不确定性程度较低，价值可以预知，企业价值来源于相对稳定的现金流现值，可用 DCF 或 EVA 模型计算；后者不确定性程度较高，价值不可预知，企业价值主要来源于企业未来发展机会所创造的期权价值，可用实物期权定价公式计算，或者是市盈率估价法，包括盈利乘数的一些变形，包括 PEG 率和"企业价值—EBITDA"乘数等，又或者采用销售额乘数法。市销率尤其适用于互联网类公司，如亚马逊、京东等。

后文将主要讨论第二种即高新技术企业价值主要由企业运用新技术、新标准和新的发明专利等无形资产所创造出的潜在获利机会价值。

三、第 3 步：估算销售额的增长率和稳定增长期的可持续经营利润率

年轻企业通常没有很高的销售额，但是预计它们在未来将会实现高速增长。不足为奇的是，这也正是估价的关键之所在，故而在此提出一些信息来源：

（1）企业自身在过去的销售额增长率。鉴于企业规模会随着销售额的增长而逐渐扩大，它会越来越难以维持很高的增长率。因此，若在两年前增长了300%，而在去年增长了200%，企业在今年的增长率就有可能更低。

（2）企业所服务的整个市场的增长率。与身处稳定市场相比，如果本身处在高速增长的市场之中，企业就更加容易保持高增长率。

（3）市场壁垒和企业拥有的竞争优势。若要保持高增长率，企业就必须具有某种可持续的竞争优势。它可能出自法律保护（诸如专利之类更加出色的产品或服务、某种品牌，或者因为属于市场的开拓者）。如果竞争优势看似可以持续，高增长就更有可能持续较长的时期。若非如此，它很快就会衰落。

就那些处在亏损状态的企业来说，高额的销售额增长本身所能造成的结果莫过于导致亏损额逐渐加大。年轻企业具有价值的关键在于，预期经营利润率，虽然目前为负，将在未来转为正。如果增长率得以稳定，就可在估价中根据许多方式进行切实的检验，就能评估年轻、高增长公司所将具备的经营利润率。如果缺

乏可比企业，这项工作的难度就会加大。然而，我们也有一些规则可循：

考察公司的基本业务，考虑其真正的竞争者。例如，特斯拉公司虽然被视为一家电动汽车或高新技术企业，但毕竟属于汽车制造业。至少从利润率角度而言，似乎有理由认为，特斯拉的利润率最终还是会趋近于其他的汽车制造商。

分解企业现行的收入报表，以便获得实际经营利润率。许多处于亏损的年轻、初创企业之所以如此，并非因为产生现行销售额的经营性支出过大，而是因为经营性支出的很大一部分被用于求取未来的增长，所以应该被视为资本性支出。鉴于许多此类支出在收入报表中被作为"销售总务管理支出"（SG&A）处理，估算一下在扣除这些支出之前的利润率和盈利状况，对于确定企业产品的利润率，无疑会很有帮助。

四、第4步：估算再投资率以获得增长

为了获得增长，企业必须进行再投资。在考察年轻企业时，同样不能遗忘这条原则。然而，与成熟企业不同的是，它们或许没有多少历史记录能够帮助确定企业所需作出的再投资。随着企业的发展，其再投资的性质和金额也可能有变，问题在于如何估算这一金额。

预期增长率＝再投资率×资本报酬率　　　　　　　　　　　　　　（3-7）

本书所作的大多数估价已将这一等式用于估算增长率。然而在经营性盈利为负时将无法计算该等式，这正是我们评估年轻企业时所面临的情形。此时，首先需要估算销售额的增长率，并且根据它计算再投资率。为了建立这种联系，我们曾经使用"销售额—资本比率"，它说明所追加的每一美元资本所能产生的销售额增加额：

预期再投资＝预期销售额变化量／（销售额/资本）　　　　　　　（3-8）

例如，为了将销售额增加10亿美元，如果"销售额—资本比率"等于4，则需要进行2.5亿美元的再投资。这一公式所需标准数据是"销售额—资本比率"，可通过考察企业历史而得出，虽然历史记录可能有限；或者考察行业均值，而行业定义的宽泛程度应该足以体现公司所从事的业务。

然而，如果公司处在稳定状态，则可使用预期增长率和预期资本报酬率计算所需再投资：

预期再投资率$_{稳定}$＝预期增长率$_{稳定}$/ROC$_{稳定}$　　　　　　　　　（3-9）

此外，可以使用行业平均再投资率（分解成预期再投资率和流动资本需要）

估算现金流。

五、第 5 步：估算风险参数和贴现率

根据估算 β 值的标准方法，我们将股票报酬率针对市场报酬率进行回归。即便已经上市，初创企业也缺乏历史数据，因而无法使用常规方法进行风险参数估算。然而，使用递进式方法估算 β 值能够弥补这种不足。如果存在已经挂牌至少两年的可比企业，就可通过考察它们的均值而估算估价对象在目前的风险参数；如果没有可比企业，则可使用估价对象的各种财务特征估算风险参数，诸如盈利波动率、盈利规模、现金流特征和财务杠杆系数。

如果年轻企业还持有债务，在估算债务成本时还会遇到一个不同的问题。因为这类企业大多没有获得评级，因而无法通过这条途径估算债务成本。我们可以尝试使用模拟性评级，但是为负的经营性收入却会产生为负的利息覆盖率，使企业得到违约等级。一种解决方式是，根据企业在未来时期的预期经营性收入，估算预期利息覆盖率（请注意，此预测已在前面第 2 个和第 3 个步骤中作出）再用它估算模拟性评级无论采用哪种方法估算得出股权成本和债务成本它们都不应在估算期内一成不变地随着企业趋于成熟而形成可以持续的利润率和稳定增长率，各风险参数也应该接近于平均企业，即 β 值应该趋于 1，并且应该将债务成本朝着成熟企业的债务成本作出调整。除了估算这些企业的股权成本，我们必须估算其杠杆系数随着时间的推移将如何变化。同样，运用行业均值或该企业（在稳定状态中所显示的）最优债务率应该得到关于资本成本的合理估算值。

六、第 6 步：估算企业价值

针对因时而变的盈利、再投资率和风险参数等数据，这一估价过程最初与常规估价法相似。在许多情形中，由于为负的盈利和大量再投资，较早年间的现金流将为负数，但在较晚年间则会因为利润率提高和再投资减少而变为正数。然而，需要指出的是，终端价值的具体金额取决于有关高增长阶段的企业增长率和目标利润率的假设。

在对企业经营性资产作出估价后，为了对企业进行估价，还需考虑其他两个因素，即企业无法作为持续经营实体而存活的可能性，以及非经营性资产的价值。

1. 生存以及企业增长率

在对企业运用贴现现金流估价法时，通常假设它属于持续经营实体，能够长此以往地生成现金流。若对年轻企业进行估价，这种假设很值得质疑，因为其中一些企业可能难以经受得住未来数年的各种考验。如果忽视这种可能，就会高估它们的价值。为了处理这种可能性，可以选用下列两种方法：一是把出现困境的可能性结合到预期增长率和盈利之中。因此，所用销售额增长率将是针对所有情景的增长率，包括乐观和悲观情景在内，再结合企业无以应对后者的可能性。就年轻企业来说，所考虑的时期越是久远，这项工作的难度也就越大。二是仅估算公司作为持续经营实体时的贴现现金流，再把公司的生存概率运用于这一价值。换言之，估算得出这种生存概率之后，就可对公司价值作如下估算：

公司价值=作为持续经营实体而存在的概率×公司的贴现现金流价值+（1-作为持续经营实体而存在的概率） (3-10)

2. 非经营性资产的价值

在对任何一家企业进行估价时，我们都必须考虑到现金、有价证券以及它在其他公司所持有的股份。在此，唯一需要提醒的是，年轻企业有可能在短期内就消耗掉巨额现金，因为经营活动提取现金的速度超过了生成现金的速度。因此，最新财务报表上的现金余额，尤其在为期已超过数月之后，可能与当期现金余额相去甚远。由于年轻企业时常还在其他年轻企业中持有股份，存在的一种风险是，账面上显示的在其他企业的投资无法体现其真实价值。如果只有一两种大额持有，我们还应该使用以现金流为基础的方法对它们进行估价。

如果为了从企业价值得到股权价值，还需要减去针对公司的所有非股权索取权。对于成熟企业，非股权索取权的形式是银行债务和未偿债券。对于年轻企业，可能还有需要进行评估的优先股；而为了获得普通股的价值，必须予以扣除。得到每股价值，还需要考虑针对公司股票的未实施期权。这是一项需要针对所有企业而进行的工作，但对初创企业来说尤为重要，因为未实施期权的价值占其股权价值的比重可能会大得多。鉴于这些索取权的重要性，可以使用期权定价模型对期权进行估价，包括授权或未授权实施者在内；然后，再从股权价值中减去这一价值，由此得出普通股所包含的股权价值。

第四节　对财务估值结果的调整

在选择了适宜的估值方法后，就可以解决风险投资中的财务估值问题。但是由于目前很多行业都处于初创阶段和规模化阶段，企业本身面临着各种风险，既包括现有技术路线被新技术路线替代的技术风险，又包括创业者个人或创业团队的管理风险，还面临着行业竞争的市场风险。企业生存前景面临诸多不确定性，所以要对财务估值结果进行调整。尤其是初创阶段的产业，被投资企业面临的技术风险非常高。如太阳能产业中，前些年风险资本投资了大量的多晶硅企业，而目前多晶硅技术很有可能被非晶硅技术替代。那么这些多晶硅生产企业就可能因技术路线错误被淘汰出局。所以在风险投资中，企业的真实价值要能够综合反映企业的各种风险。企业的核心竞争力能反映企业应对各种风险的能力。因此对于那些年轻增长迅速但盈利为负的企业来说，决定其价值的关键数据是什么呢？一般而言，对价值影响最大的是可持续利润率和销售额增长率的估算值。从次一级层面而言，有关公司需要多久才能取得稳定增长的可持续利润率和再投资需要的假设对于价值也有影响①。

在财务估值的基础上，用企业核心竞争力因素对估值结果进行调整，就可以较为准确地反映企业的真实价值。

企业的核心竞争力主要包括企业家才能、人力资本、核心技术、市场占有、特有资源等。核心竞争力不仅决定着企业的成长性，更决定着企业的生存能力。对具有较强核心竞争力的企业，应当在基本财务估值基础上适度调高估值水平。对于核心竞争力较弱的企业，应当在基本财务估值基础上适度调低估值水平。在评价企业核心竞争力时，关键是看以下几项因素：

一是看企业家才能。投资阶段越靠前，创业者个人因素所占的分量就越大。对初创期企业的投资最能反映"投资就是投入"这条经验法则。因此，越靠前期的项目，越应当在财务估值的基础上加大企业家才能因素的调整力度。

二是看企业的人力资本。团队的基本素质，是企业生命力最主要的决定因素。人力资本包括企业的管理团队、技术团队、营销团队等，是成长期企业最核

---

①　资料来源：无锡航天高能亿航项目财务尽职调查报告。

心的资产。对于成长期的企业，评估企业的人力资本价值至关重要。在产业的规模化阶段，行业洗牌非常激烈，具有较强竞争力的企业会在这一阶段快速成长，而缺乏竞争力的企业会被残酷淘汰。所以对于成长期的企业，应当重点用人力资本因素进行估值调整。

三是看企业的核心技术。初创阶段和规模化阶段的行业，产业技术路线处于不稳定时期，缺乏技术创新能力的企业很有可能因产业技术路线变更而被淘汰。越靠前期的投资，越应当看重企业的核心技术和技术的市场前景。财务估值普遍较难反映企业技术能力这一因素，所以对于初创期和成长期的企业，要在财务估值的基础上，用企业核心技术因素进行调整。

四是看市场占有。在产业的集聚阶段和平衡与联盟阶段，产业内的市场结构趋于稳定，各个企业的市场份额和行业地位也趋于稳定。所以对于成熟期的企业，更应当看重企业的市场占有率和企业的行业地位。

五是看企业的特有资源。企业的特有资源包括产业链优势、区位优势、人脉资源、股东背景等。产业链优势是企业竞争力的重要组成部分。例如对于钢铁企业，拥有上游铁矿石资源的企业就具有较强的竞争力；对于家电企业，拥有下游自有销售渠道的企业也能享受较高的估值水平。一些行业属于典型的"选址行业"，如连锁餐饮、连锁酒店、建材、物流等。这些行业中，区位优势是企业竞争力的关键因素。这些特有资源是企业发展和上市前景的重要影响因素，也是投资估值中要重点考虑的内容。

从现实角度来看，这些企业很大部分的价值派生于终端价值。虽然这一点会带来一些麻烦，但它却体现了投资者从这些企业获得报酬的途径。这些投资的报酬形式采取的是股票溢价而不是股息或者股票回购。对于这种终端价值依赖性以及可持续增长价值的重要性，此外，还有解释方式是从现有资产和未来增长角度而展开。任何一家企业的价值都可表述为这两者之和：企业价值＝现有资产价值＋增长潜力的价值，对于盈利为负的初创企业，由于几乎所有的价值均可归因于后一个因素，公司的价值当然要取决于有关它的假设。

第四章　跨越初创期企业价值评估标准的障碍

第一节　影响项目估值的因素分析

对于一般的企业而言，增进价值的各种途径出自现有资产的现金流、预期增长率（并且保持超额报酬）以及增长期的长度，企业的营销、战略和财务方面的措施都将会影响企业价值。常用的 PE、PB、现金流折现法等传统估值理论都是建立在企业稳定发展的基础上的，对于初创期和成长期的企业来说有较大偏差；这些估值方法主要基于财务数据，而高科技企业的行业、技术、信息和人力资本情况都更加复杂，这在估值中成为日益重要的因素，而传统估值方法不能对此加以衡量。

一、增加现有投资项目的现金流

考察价值的首要关注点是企业现有资产。就是说企业过去已经作出的投资，目前可以为企业产生多少经营性收入。当这些投资的报酬低于成本，或者盈利低于最佳管理水平，那就存在增进价值的机会。

1. 不良投资项目：维持、剥离和清算

对于那些还有一定潜力可挖、通过改进能够提升价值的项目，可以选择维持，给予其改善和调整的时间与资源。而对于那些经过评估，认为已经没有发展前景或者继续投入只会造成更多损失的项目，就需要果断地进行剥离或清算。剥离意味着将不良投资项目出售给其他有能力或有意愿接手的一方，以回收部分资金。清算则是将项目彻底结束，处理相关资产，尽可能减少损失。在面对不良投资项目时，要理性分析，采取恰当的策略，以实现资源的优化配置和价值的最大提升。

2. 提高经营效率

公司的经营效率决定了经营利润率，进而决定经营性收入。假设其他条件不变，与业内其他公司相比，公司的效率越高，经营利润率也就越高。若能凭借现有资产提高经营利润率，公司就可增值。很多指标可以体现提高利润率的潜机，比较重要的指标是公司从其业务中可以实现的利润率水平。如果经营利润率大大低于业内平均值，公司就具有（但却未必一定具有）提高利润率的潜机。对于大多数公司而言，增进价值的首要步骤是以削减成本和裁员为形式。但是，只有在所节减的资源难以为当期经营性收入或未来增长作出贡献时，这些举措才能营造价值。通过削减诸如研发和培训支出，公司很容易显示出当期经营性收入的增加，但这样做却是以牺牲未来的增长为代价。

比如 2022 年马斯克接管推特以后，公司已解雇数千名员工并承诺提供三个月的遣散费。2023 年 1 月再次发布进一步裁员令。仅仅在 2 个月的时间里，推特第二次裁员之后，推特的员工总数可能会降至 10 年内最低水平。仅剩不到 2000人。也真正地实现了马斯克曾经宣称的对推特裁员 75%。另外，马斯克为了控制成本，取消了不少员工福利，如生育保健和办公室零食。

二、成本削减

1. 减少税款负担

因为企业的价值等于其税后现金流的现值，对于既定水平的经营性收入，任何可以减少税款的措施都能增进企业的价值。当然税法限制了企业在这方面的操作空间，但采用下列任何一种举措仍然有助于降低税率：

内部利润转移。由于是在不同的市场上获得盈利，跨国企业可以将收入从高税收地区转移到低税收乃至无税收地区。例如，这些企业各部门间的内部销售价格（转移价格）就可将部分利润在它们之间实施转移。

通过获得净经营性亏损额，企业能够保护未来的收入。也就是说，盈利企业收购亏损企业可以在期限内获得税收减免。

通过实施风险管理，企业可以逐步降低所需缴纳的平均所得税率。根据大多数税收制度，边际所得税率会随着收入的增加而提高。若能凭借风险管理费各个时期的收入，企业就能使收入更趋稳定，进而降低最高边际税率。

2. 削减现有项目的净资本支出

净资本支出等于资本支出与折旧的差额，作为现金流出，它会减少公司的自由现金流。净资本支出的一部分旨在营造未来的增长，但其余部分则是为了维持现有资产，若能减少针对现有资产的净资本支出，公司就可增进价值。在短期内，资本支出甚至能够低于那些资产的折旧，进而可在净资本支出方面产生现金流入。

3. 减少非现金流动资本

公司的非现金流动资本等于非现金性流动资产（通常是存货和应收账数）与流动负债的非债务部分（通常是应付账目）之间的差额。投资于非现金流动资本的资金通常已经被锁定而无法挪作他用。因此，非现金流动资本的增加属于现金流出，而它的减少则属于现金流入。对于零售业和服务业公司来说，非现金流动资本所消耗的现金流会大大地超过常规的资本性支出。

以上充分说明了创造价值的路径。降低非现金流动资本所占销售额的比重就应该能够增加现金流，进而增进公司价值。然而，这就等于假设削减流动性资本投资不会造成负面影响。为了促进销售，各企业通常会保持一定的存货并且提供卖方信贷，如果削减其中之一甚至两者而造成销售量下降，就会对价值产生负面影响。高新技术有助于企业控制非现金流动资本，帮助它们跟踪存货、消费者购买量和购买行为。运用价值链管理，诸如沃尔玛等企业已经发现了许多新颖的方式，可以减少对于非现金流动资本的投资，以及加速现金在整个经营过程中的周转。

三、提高预期增长率

如果能够快速增长而盈利超过资本成本，目前现金流较低的公司就仍可具有很高的价值。对于能够盈利的企业来说，增长率将根据盈利获得定义；但对亏损企业来说，就需要考虑销售增长和更高利润率之间的关系。

1. 能够盈利的公司

在评估新创企业的竞争盈利能力时，创新性、价值性和持续性是三个关键的维度。创新性是新创企业脱颖而出的重要驱动力。具有创新能力的企业能够开发出独特的产品或服务，满足市场尚未被满足的需求，从而获得竞争优势。例如，一家新创的科技企业通过研发出全新的算法，为客户提供更高效、精准的解决方案，这种创新使企业在市场中独树一帜，为盈利奠定基础。价值性体现在企业所提供的产品或服务能否为客户创造真正的价值。如果企业能够解决客户的痛点，提供高品质、高性价比的产品或服务，那么客户就愿意为此支付相应的价格，企业的盈利能力也就能得到保障。比如一家新创的健康食品企业，以天然、无添加的食材为原料，为消费者提供既美味又健康的食品，满足了消费者对健康饮食的追求，实现了价值创造。持续性则关乎企业能否长期保持盈利的能力。这需要企业具备良好的战略规划、资源整合能力和适应市场变化的能力。一个能够不断优化运营流程、提升管理效率、拓展市场渠道的新创企业，更有可能在激烈的竞争中持续盈利。例如，一家新创的电商企业，通过不断改进物流配送和售后服务，提升用户体验，从而建立起良好的品牌声誉，实现盈利的持续增长。

通过对创新性、价值性和持续性的评估，可以较为全面地了解新创企业的竞争盈利能力。此外较高的增长率产生于再投资的增加或者资本报酬率的提高。然而，这一点并非总能使企业增值，因为较高的增长率或许会被其他方面的变化所抵消。

较高的再投资率通常会导致较高的预期增长率，却需要以现金流的减少为代价，因为再投资减少了自由现金流。更高的资本报酬率也能够提高预期增长率，但是，如果新投资针对的是风险更高的业务，或者资本成本的增加不成比例，公司的价值就仍然可能会降低。综观整个估价过程，要考察出自更高增长率的附加现金流现值是否大于以现金方式作出的实际所需再投资现值。为了确定这种价值效应，存在一种非常简便的检验方式。需要指出的是，项目净现值衡量的是项目对于企业价值的贡献，而净现值只有在项目内在报酬率（Internalrate of Return，IRR）超过资本成本时才会为正。如果将项目的会计资本报酬率视为IRR，那就只有在资本报酬率大于资本成本时，再投资率的提高才能够增进企业的价值。倘若资本报酬率低于资本成本，增长的正面影响就会小于再投资率，重视项目资本报酬率，同时权衡项目的边际报酬。若能提高资本报酬率而保持资本成本不变，项目就能够增进公司价值。增长率的提高同样也能够增加公司价值，而且通常并不存在相互抵消的效应。当资本报酬率的增加是因为公司进入了某个新的行业，此时风险就会大大高于原有业务，因而有可能出现抵消增长率提高的资本成本增加。然而，创造价值的一般法是，无论风险程度如何，只要项目的边际资本报酬率大于资本成本，它们就能够增进公司价值。

我们还可比较资本的报酬率和成本。若前者低于后者，公司就可通过采纳报酬较高的项目而增进价值。有时候，公司不进行投资，选择将现金归还股东所产生的价值增量反而会更大。所以对于那些深陷无法收回资本成本业务的公司，实施部分的或者完全的清算或许是一项最能增进价值的举措。

2. 盈利为负的公司价值分析

对于那些盈利为负的年轻公司来说，期望未来现金流产生于针对三个变量所作的假设，即销售额的预期增长率、目标经营利润率和"销售额—资本比率"。前两个变量决定了未来各年的经营性盈利，最后一个变量则将决定所需要的再投资。图4-1概述了它们各自对现金流的影响。

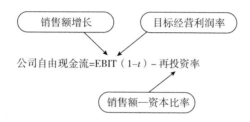

图4-1 决定增长率的因素

假设其他情况不变，如果三个变量中的任何一个（销售额增长率、目标利润率和"销售额—资本比率"）能够提高，未来各年的预期现金流就能够增加。销售额增长率和目标利润率的提高可以增加经营性盈利，而"销售额—资本比率"的提高则会减少所需要的再投资。然而，在现实中，公司必须在更快的销售额增长和更高的利润率之间作出取舍。如果提高产品价格，公司能够提高利润率，但是会降低销售额的增速。作为公司战略的主要研究者之一，迈克尔·波特（Michael Porter）指出，就定价策略而言，公司具有两条基本路径。它可以选择成为销量领导者，降低价格以增加销售额，并且足以补偿较低的利润率若要使这种策略奏效，公司需要拥有相对于竞争者的成本优势，能够防止导致业内所有公司受损的价格战。另外，它可以尝试成为价格领导者，提高价格，期望此举对于销量的影响小于利润率的提高。销售额降低的幅度取决于产品需求弹性和整个产品市场的竞争状况。最终的净效应则将决定价值。

虽然"销售额—资本比率"的提高可以减少所需再投资和增加现金流，针对这一过程却存在内外两种约束条件。随着这一比率的提高，公司在未来年间的资本报酬率也会提高。如果资本报酬率大大超出资本成本，新的竞争者就会涌入市场，公司就将难以维持预期经营利润率和销售额的增长。

有时甚至需要以退为进：通过降低增长率而创造价值，即此时创造价值的最佳途径在于降低而不是加速增长。为了说明个中缘由，不妨考虑这样一种说法，即只有在新项目的资本报酬率超过其资本成本时，增长才能够创造价值。再考虑一下这样一个事实，2011年，全球大约有35%的企业所获得的综合资本报酬率要低于资本成本。虽然这种弱势经营可以归因于各种宏观经济因素或者某些企业的暂时性问题，它同时也体现了许多企业产生超额报酬能力的减弱甚至消失这一点。

这些企业仍然还在不良项目中增加投资，从而延续着损耗价值的路径。关于这种现象，存在诸多原因。有些企业以为，无论代价如何，增长总归是一件好事；这种看法还得到了那些具有同感的股票分析者的帮腔和怂恿。另一些企业则是出于惰性而沿袭以往所采纳的投资方式，在当时，投资机会诱人而且充裕。还有一些企业则是因为管理者的过度自信，以为自己可以扭转局面。

无论何种原因，对于这些采取了不当措施的公司来说，增进价值并非难事。停止新的投资虽然会使增长率下降，但却能够增进当前公司价值。例如，假设某公司的资本成本为10%，可以产生1000万美元的税后经营性收入。再假设它将50%的收入重新投入资本报酬率为6%的项目中。运用由此产生的3%的增长率，可以估算公司的价值如下：

公司价值（现状）= 1000(1.03)(1−0.50)/(0.10−0.03) = 7357（万美元）

如果该公司停止再投资，它的增长率和再投资率将下降到零，其价值却会增加到1亿美元：

公司价值（重组）= 1000/0.10 = 10000（万美元）

虽然这些公司的现行管理者或许并不乐意放弃增长，但是它们却会成为主动型投资者所关注的目标。

四、延长高增长期

每一家企业在未来某个时间都会变成稳定增长企业，以等于或者低于所处经济体增长率的比率增长。此外，企业只有在投资项目上获得超额报酬，增长才能创造价值。假设其他情况不变，如果能够获得超额报酬，高增长期持续得越久，企业的价值也就越大。在竞争性产品市场上，应该说没有哪家企业能够赢得超额报酬，因为它会导致竞争者涌入该行业。因此，有关高增长源于超额报酬这种假设的含义在于，仍然存在一些行业进入壁垒可以阻止竞争性企业的进入而消除所存在的超额报酬。

企业能够增进价值的一条途径是，提高现有进入壁垒或者设置新的壁垒。换句话说能够获得超额报酬的企业具有极大的竞争优势，而保持这些优势却能够增进价值。

1. 品牌优势带来的壁垒

如前所述，传统贴现现金流估价法使用的数据已经结合了品牌效应。尤其重要的是具备有价值品牌的企业能够针对相同的产品索取高出竞争者的价格（形成更高的利润率），或者根据相同的价格而售出比竞争者更多的数量（形成更高的周转率）。相对于业内竞争者而言，它们通常具有更高的资本报酬率和更大的价值。

营造品牌的过程艰难而又代价高昂，或许需要历经多年。但是，企业通常也能够立足于现有品牌而努力使其增值。品牌管理和广告能够为价值创造作出贡献。不妨考虑一下可口可乐公司长期以来在增加、保持市场价值方面的成功。有些人将它的成功归因于高股权或者资本报酬率，然而这些报酬并不是成功的原因而只是结果。该企业的高额报酬可以归因于它极度重视在全球范围内促进其品牌的增值。相反，如果公司管理者建立了宝贵的品牌却令其价值随意消耗，那就会极大地削减公司的价值。苹果公司在1996~1997年几近消亡的经历，Quaker Oats公司在收购Snapple公司之后的困境，这些都说明，管理者完全可能在很短的时间内就导致宝贵品牌的优势付诸东流。

2. 专利、许可证和其他法律保护

公司可以形成的第二种竞争优势是法律优势。如果拥有产品专利，公司就可拥有生产、销售某种产品的排他性权利，正如在医药行业时常发生的情形。另外，公司还可以具有排他性的许可证发放权或者某个市场的垄断服务权。

增进价值的关键不在于保持而在于强化公司所拥有的竞争优势。如果这些优势出自现有专利，公司就必须继续开发可以使它保持这种优势的新型专利。增加科学研究与试验发展（Research and Development，R&D）性支出无疑是一条途径，然而提高再投资的效率同样也是。能够最大限度增进价值的公司未必就是在R&D方面花费最多者，而是其R&D部门的产出效率最高者，既包括形成专利方面，又包括把专利转化为商业产品方面。

出自排他性许可证发放权或者法定垄断的竞争优势事关天时、地利与人和各方面因素，而且未必一定能够增进价值。如果公司的这些权利是由另一家实体所授予，如政府，后者大多会通过持续的监管而保留控制公司定价和利润率的权利。在美国，对于电力和电话公司的许多监管规则都旨在确保它们无法获得超额利润。面对这种情形如果能够换得定价的自由，公司或许能够因为放弃法定垄断权而获益。事实上，这种情形已经出现，目前主要还是在电信行业，而在未来，同样也会出现在受到政府监管的其他行业。摆脱监管之后，能够保持竞争优势的公司将可以业内其他公司的利益为代价而增加价值。

3. 转换成本优势

在某些行业中，没有品牌或者专利能够提供针对竞争的保护。它们的产品生命周期很短，竞争异常激烈，而且客户对于公司或者产品也缺乏忠诚度。这正是20 世纪 80 年代在计算机软件行业出现的情形，在今天依然适用于该行业的许多公司。那么，在确立市场地位方面，微软公司为何能够如此成功呢？许多人把这一点归因于它对于软件操作系统的所有权，但是还有另一个原因，那就是微软公司要比其他公司更早地认识到，身处计算机软件行业，可以设置的最大进入障碍就在于提高终端用户从其产品转换到竞争者产品所需成本。其实，在早期阶段，微软公司也必须克服大多数用户都在使用 Lotus 产品而不愿承担转换成本这一障碍。微软极力使终端用户能够更便利地转换到它的产品上（例如使 Excel 软件能够兼容 Lotus 的电子数据表），并通过打造 Microsoft Office Suite 软件而提高终端用户转向其他竞争者的成本。因此，如果用户在计算机安装了 Microsoft Office 软件，但是现在却想改用 Word Perfect，他就必须克服几个问题：这种转换对于现存的数百个 Word 文件是否有效呢？是否能将 Microsoft Excel 或者 PowerPoint 文件转贴到 Word Perfect 文件上呢？当然，最终的结果是，在这一领域，那些实力不如微软的公司绝难与它相匹敌。

在另外一些行业中，也可运用"转换成本"这一理念支持或者反驳价值增进的观点。例如，许多人认为，对于 Twitter 和 Facebook 之类大众传媒公司的估价体现了先行者优势；即它们是互联网行业的先导者。但是，大众传媒行业的转换成本看起来微乎其微，若想在未来能够维持高额报酬，这些公司还需要考虑如何提高转换成本。

4. 产品成本优势

为了营造相对于竞争者的成本优势而将它用作行业壁垒，公司有下列几种途径：在那些可以通过经营规模降低成本的行业中，规模经济可以赋予较大公司相对于较小公司的优势。例如，这正是沃尔玛公司以那些较小且大多为地方性竞争公司为代价而掠取市场份额的优势所在。

拥有或者具备对于分销系统的排他性权利，可为公司提供相对于竞争者的优势。例如，美国航空（American Airline）公司对于 Sabre 在线预订机票系统的所有权，使它早期在招徕客户方面得享优势。

获得低成本的劳动或资源也可营造成本优势。因此，相对于那些组织了工会的竞争者而言，不存在工会而劳动力成本较低的公司就享有某种优势，那些开采成本较低的采掘业公司也是如此，这些成本优势将通过两条途径影响公司的价值。如果具有成本优势，公司就能够索取与竞争者相同的价格，但却获得更高的利润率；或者公司可以索取低于竞争者的价格，但是具有高得多的资本周转率。事实上，提高利润率或周转率（或者两者兼具）的净效应都会提高资本报酬率，进而提高预期增长率。

构建规模经济型成本优势需要极高的投资额，因而能够阻滞新公司的进入。在太空产品和汽车制造等行业，竞争几乎都是在现存的对手之间展开。因为没有新的竞争者，这些公司能够维持高于正常水平的报酬率，而它们之间的竞争又会限制这些报酬的高低。

五、降低融资成本

公司的资本成本是债务与股本两种融资方式共同作用的结果，而逐渐形成的现金流则需要根据这种成本体现。给定现金流不变，降低资本成本就能够增进公司的价值。本部分将考察公司得以削减资本成本的各种途径，或者更为宽泛地，通过改变融资结构和工具以增进公司的价值。

1. 改变经营风险

公司的经营风险直接取决于它所提供的产品、服务种类及其消费者随意性（discretionary to the customer）。产品和服务的消费者随意性越大，公司面临的经营风险也越大。股权成本和债务成本都受制于公司所从事的业务。就股权角度而言，只有那些无法分散的经营风险才会影响其价值。

通过降低其产品和服务的消费者随意性，公司可以减少经营风险。广告无疑可以起到某种作用，为产品和服务找到新的用户同样也不失为一条途径。降低经营风险可以减少非杠杆性 B 值（股权成本），以及减少债务的违约风险成本（债务成本）。

降低经营性杠杆系数，公司经营杠杆系数所衡量的是固定成本的比重。假设其他不变，公司盈利的波动性越大，资本成本也就越高。减少固定成本的比重可以降低公司风险和资本成本。通过把某些服务转交给外包商，公司就能够降低固定成本；假如生意不尽如人意，公司也就无须继续承担提供此类服务的成本。公司还可将各类支出与销售额挂钩，例如，将所付工资与销售额挂钩的做法也有助于减少固定成本的比重。

这种把支出与销售额挂钩的基本理念通常被描述为营造更加灵活的成本结构。它将影响实施估价所需要的三种数据。它可以降低非杠杆性 B 值（由于经营性杠杆系数的降低）减少债务成本（由于违约风险的降低）以及提高最优债务率。所有这些都可以减少资本成本，从而增进公司价值。

改变融资结构削减资本成本的第三条途径是，改变公司融资结构，即债务与股权的比重。债务成本通常低于股权成本，部分是因为放贷者承担的风险较低，部分则因为与债务相关的缴税优惠。但是，我们需要将这种效益与借款所增加的破产风险加以权衡，这种加大的风险会提高股权的 B 值和借款成本，而最终的净效应将决定资本成本在公司借款更多的是上升还是下降。

然而，需要注意的是，只有在经营性现金流不会受到债务率提高的影响时，公司的价值才会因为成本的降低而增加。随着债务率的提高，如果公司风险加大，进而影响公司的经营和现金流，即便资本成本有所下降，公司价值就会减少。如果出现这种情形，在设计公司融资结构时，目标函数的确定就必须根据"公司价值的最大化"而不是"资本成本的最小化"来进行。

2. 改变融资工具

公司金融学的一条基本原则是，在规划公司融资时，我们必须尽量确保债务的现金流接近于资产的现金流。通过将债务现金流与相关资产的现金流相匹配，公司可以降低违约风险，提高运用债务的能力，进而降低资本成本和增进价值。

如果债务和资产在现金流方面匹配不当（即使用短期债务为长期资产融资，以一种货币为产生另一种货币现金流的资产融资，或者以浮动利率债务为那些现金流会受高度通货膨胀不利影响的资产融资），公司的违约风险就会加大，资本成本就会提高，而公司的价值也就会降低。公司可以运用金融衍生品和掉期工具（swaps）缓解这种不匹配问题，同时增加公司的价值。另外，它们还可用与那些资产更相匹配的债务替换现有债务。最后，通过各种创新型有价证券，它们可以按照投资项目的现金流筹划债务现金流。在这方面，保险公司使用的巨灾性债券以及采掘业公司使用的产品债券都是很好的例子。

第二节　增进价值的其他各种措施

针对公司能够用于增进价值的各种措施，我们可根据不同方式予以分类。其中一种方式是，根据它们是否会影响现有资产的现金流、增长率、资本成本和增长期长度。另有两种有助于甄别营造价值之措施的方式如下：

（1）这种措施是导致价值取舍还是能够创造价值？没有哪种措施无须先决条件就能够增进价值。例如，剥离那些价值超过继续经营价值的资产，消除那些无助于公司盈利和未来增长的无谓成本（deadweight cost），这些措施大多都对价值具有正负两方面的影响，决定它们能否增进价值的是两者的净影响。有时，这种取舍主要发生在公司内部，创造价值的概率要大得多。例如，为了降低资本成本，公司改变其债务/股权结构。然而，对于价值的净影响取决于竞争者对公司的举措作何反应。例如，如果竞争者将会针锋相对地作出反应，为了增加销售量而降低价格的做法或许就无法增进价值。

（2）这种措施需要多久才能获得回报？某些措施立刻就能增进价值，包括资产剥离和成本削减在内。但是，不少措施却是着眼于长期的价值创造。因此，知名品牌的营造无疑可以在长期创造价值，但难以立刻产生价值效应。

表 4-1　增进价值的关系链

较易控制 快速回报		较难控制 长期回报
快速见效者	把握较大者	长期
现有项目 ·资产/项目的剥离价值大于继续经营的价值 ·放弃那些清算价值大于继续经营价值的项目 ·消除那些无助于销售和增长的支出 ·利用税则优势减少税款	·减少所需净流动资本，通过降低存货和应收账目或者增加应付账目 ·减少现有资产的资本保全性支出	·改变定价策略以求得资本报酬率和价值的最大化 ·采用更有效的经营手段以减少支出和提高利润率

续表

	较易控制 快速回报 →		较难控制 长期回报
预期增长	·消除期望报酬低于资本成本的新资本支出	·提高现有项目的再投资率或边际资本报酬率	·提高新项目的再投资率和边际资本报酬率
增长期长度	·若公司产品或服务可获得专利，那就如此行事	·利用规模经济或成本优势提高资本报酬率	·构建品牌 ·提高客户放弃产品的转换成本，降低其采用产品的转换成本
融资成本	·使用掉期工具和衍生品使债务与公司资本更加匹配 ·实施再融资而使公司接近于最优债务率	·改变融资工具和使用新颖有价证券以便体现所资助资产的类型 ·使用最优融资结构资助新的项目 ·构建灵活的融资结构以减少经营性杠杆系数	·通过减少消费者的产品随意性而降低经营风险

表 4-1 概述了增进价值的关系链，其中，对于创造价值的各种措施，我们根据其创造价值的速度以及公司对于价值创造的掌控能力进行了分类。第一列"快速见效者"包括了公司对于其结果具有很大的控制能力的措施，它们创造价值的效益立刻就可以显现。第二列"把握较大者"包括那些在近期或中期有望创造价值的措施，公司对其结果仍然能够具备相当大的掌控力。第三列包括了旨在长期创造价值的各种措施，体现了公司的重大战略意图。

一、关于价值增进的总体思路

几乎所有公司都声称有意实施价值增进，却很少能够持之以恒的。如果价值增进就像本章所讨论的那样简单，或许有人会对个中原因感到困惑不解。关于价值增进的总体框架，一般考虑四条基本准则：

（1）价值增进是一项长期而艰巨的工作，而且可能会令现有管理者倍感压力。为了增加现金流，管理层必须作出有关裁减冗员和削减成本的艰难决策；为了提高再投资率，管理层必须对新的项目及其相关基本建设投资进行更加严谨的分析；而提高债务率，同样会给管理层带来更大的利息支付压力，并且必须同评级机构和银行进行磋商。

（2）若想增进价值，公司必须实施统筹而全面的安排。公司不可能仅凭借行政指令或者关在办公室里（或者财务部门）来实现价值的增进。表4-2概括了所述公司各个部门在价值增进措施中的作用。为了实现价值增进，它们必须密切合作。

表4-2　价值增进举措：谁应承担责任

价值增进措施	主要担责者
提高经营效率	业务经理和部门，从店面员工到生产经理
削减所需流动资本	仓储部门和信贷部门
提高销售额增长率	营销部门
提高资本/再投资报酬率	公司战略小组，借助财务分析者的帮助
营造品牌	广告部门
其他竞争优势	战略分析者
削减融资成本	财务部门

（3）增进价值的计划必须针对的是公司特定情形。没有两家公司的问题是一模一样的，那些使用所谓现成配方的做法大多难以奏效。我们需要先对相关公司存在的特定问题作出诊断，然后制定相应的对策。因此，相对于那些产品无法适应市场需要的年轻公司，针对那些成本高昂的成熟公司的价值增进计划将会大相径庭。

（4）价值增进未必就会导致股价的上涨。这或许是价值增进最令人失望的一个方面，即便所有的举措都是正确无误的，公司未必能即刻得到金融市场的回报。有时，由于这些举措对于盈利报告所产生的影响，市场的回应甚至可能是负面的。随着时间的推移，市场完全有可能理解公司的价值增进举措而给予相应的回报；但是，管理者采取这些举措的宗旨应该不只是为了能够分享这种回报。

若能改变事关价值的四个变量，如出自现有资产的现金流、高增长期间的预期增长率、高增长期的长度以及资本成本就会有利于提升公司的价值；与此相反，无法改变这些变量的行为，就难以提升公司的价值。削减成本、提高经营效率，降低需要面对的所得税率和投资需要（针对资本保全和非现金流动资本的投资），公司就能够增加现有资产的现金流。提高再投资率或者资本报酬率，公司就能够提高预期增长率；但是，只有在资本报酬率超出资本成本之时，提高再投资率之举才能创造价值。营造新的竞争优势或者增强现有优势可以使（至少是创造价值的）高增长的持续时间更长。最后，转向最优债务率之举可以降低资本成本，因为公司可以采用最切合资产情形的债务进行融资，并且降低市场风险。

二、商业模式促使公司价值增进

商业模式又可以定义为业务模式、商务模式或者利益相关者盈利模式。现有的研究关于商业模式并没有形成一个比较清晰和科学的定义。

有学者认为，商业模式是产品、服务和信息的有机系统和框架，无论是从信息获取而产生产品，还是利益相关者的参与，都可通过商业模式产生价值和收入。也有学者以企业价值链为核心进行解释，认为商业模式是企业可以获得和维持其收入流的逻辑表达。还认为商业模式是在定义外部假设、内部资源和能力的前提下整合组织本身、客户和供应链合作伙伴的组织，是为员工、股东或利益相关者获取超额利润的战略创新意图和可实现的结构系统、制度安排的集合。或者是一种概念工具，描述了企业如何定位和整合具有内部相关性的变量，如经济逻辑、运营结构和战略方向等。它在创造客户价值的基础上，展示了企业如何通过价值主张、价值网络、价值维护和价值实现四个因素的设计，从而为股东及伙伴等其他利益者创造价值。

但总体看来，一个企业的商业模式的核心内容应当包含企业运用什么样的方式，将企业的产品和服务价值传递给用户，以满足用户需求，从而实现盈利和可持续竞争能力。商业模式的设计和实施，是企业创造价值的关键。因此，对一个企业价值的评估，需要基于对企业商业模式的分析确定与之匹配的评估假设和评估参数，进而进行合理估值。

一个创新且可持续的商业模式能够为项目带来独特的竞争优势。例如，项目采用了共享经济模式，能够有效整合闲置资源，降低成本，提高效率，那么其价值往往会得到提升。商业模式在项目估值中具有举足轻重的地位，以拼多多为例，其独特的商业模式为其带来了巨大的价值影响。

拼多多采用了社交电商的创新模式，通过团购、砍价等社交互动方式，极大地降低了获客成本。这种模式充分利用了用户的社交网络，实现了快速的用户增长和市场扩张。拼多多的商业模式还注重低价策略，吸引了大量对价格敏感的消费者。通过与众多供应商的合作，实现了规模经济，降低了商品成本，从而在保证低价的同时获得盈利。此外，拼多多的商业模式强调了用户参与和互动。用户不仅是消费者，还能通过分享、邀请等行为获得优惠，增强了用户的黏性和忠诚度。

正是由于这种独特且高效的商业模式，拼多多在短时间内获得了庞大的用户基础和市场份额，从而使其项目估值大幅提升。其成功证明了一个创新且适应市场需求的商业模式能够为项目创造巨大的价值和潜力。

三、影响项目估值的其他因素概述

除以上影响估价的主要因素，其他影响项目估值的因素又如核心团队、资本市场市况、不同资本市场的差异、阶段性热点等其他因素起着关键作用。

1. 创始人和核心团队能力

一个好的创始人扮演着至关重要的角色。他不仅应在其所属领域具备高认知水平，还需能够准确地做出决策，为项目创造巨大价值，同时也应当被投资方敏锐地发掘和深刻地认知。高认知水平意味着创始人对所在行业的发展趋势、市场动态、技术创新等方面有着深入的理解和洞察。他们能够清晰地把握行业的脉搏，提前预判潜在的机遇与挑战。这种深刻的认知使他们在制定公司战略和发展方向时，能够做出明智且具有前瞻性的决策。

正确的决策能力使创始人在面对复杂多变的商业环境时，能够迅速分析各种信息，权衡利弊，果断地选择最优的行动方案。无论是在产品研发、市场推广方面，还是在团队组建等方面，精准的决策都能让项目少走弯路，提高成功的概率。而能够为项目创造价值，则体现在创始人能够整合各种资源，充分发挥团队的优势，推动项目不断发展壮大。他们不仅关注短期的利益，更着眼于长期的价值创造，通过持续的创新和优化，提升项目的竞争力和市场地位。

对于投资方来说，发掘和认知这样优秀的创始人至关重要。一个出色的创始人往往能够带领团队克服重重困难，实现项目的快速成长和盈利。投资方通过对创始人的深入了解和评估，可以更好地判断项目的投资价值和潜在风险，从而做出明智的投资决策。

总之，一个好的创始人是项目成功的关键因素，他们的高认知水平、正确决策能力和创造价值的能力应当得到投资方的高度重视和认可。而核心团队的素质和能力同样至关重要。一个富有经验、具备专业知识、富有创新精神和良好协作能力的团队，能够更有效地应对各种挑战，推动项目的发展。团队成员的过往业绩、行业声誉以及领导能力等都是影响项目估值的重要方面。

2. 资本市场状况也不容忽视

在市场繁荣、资金充裕的时期，投资者往往更愿意为项目支付更高的价格，项目估值可能会相应地提高。相反，在市场低迷、资金紧张时，项目估值可能会受到抑制。资本市场状况以及资金的充沛程度对项目估值有着显著的影响。

当资本市场资金充沛时，投资者往往更积极地寻找投资机会，对项目的估值也会相对较高。这是因为大量的资金追逐有限的优质项目，导致竞争加剧，使投资者愿意为项目支付更高的价格。在这种环境下，项目能够更容易地获得融资，发展所需的资金支持更为充足，市场对其未来的盈利预期也会更加乐观，从而推高了项目的估值。如表4-3所示，不同经济时期，投资人的关注点会发生相应的变化。

表4-3　美国20世纪90年代至21世纪00年代风险投资项目评估标准对比

Boocock 和 Woods（1997年）		美国纽约大学企业研究中心对100家VC公司调查（2000年）	
因素	重要性排序	因素	被提及次数（0~100）
管理者背景/经验	1	企业家自身具备支持其继续奋斗的天赋	64
管理能力	2	企业家对本企业目标市场非常熟悉	62
资金回收的可能性	3	在5~10年内达到原始投资的十倍	50
企业地理位置	4	企业家过去具备很强的领导能力	50
企业投资规模	5	有良好的风险意识与反映	48
企业发展阶段	6	投资易于退出、流动性良好	44
产品对市场的吸引力	7	目标市场具有高增长率	43
市场潜在需求	8	与风险企业有关的历史记录良好	37
产品差异化程度	9	对企业的表述清楚明晰	31
		具有专利保护	29

资料来源：依据 Boocock and Woods（1997）、New York University、Center for Entreprcncurialstudics（2000）文献整理。

相反，当资本市场资金紧张时，投资者会变得更加谨慎和保守。他们会对项目进行更严格的评估和筛选，对风险的容忍度降低。此时，项目获得融资的难度增加，资金成本上升，市场对项目未来的盈利预期也会相应地下调，进而导致项目估值的降低。

例如，在经济繁荣、资金充裕的时期，新兴的科技项目可能会因其创新性和高增长潜力而获得极高的估值。然而，在经济衰退或金融紧缩时期，即使是同样具有潜力的项目，可能也难以获得理想的估值，甚至面临融资困境。总之，资本市场状况和资金充沛程度是影响项目估值的重要外部因素，项目方在进行估值和融资规划时，必须充分考虑这些因素的变化。

3. 行业发展趋势、政策法规环境、技术创新水平等因素也会对项目估值产生影响

如果一个行业处于快速上升期，市场需求不断增长，那么处于该行业的项目通常会被看好，估值也会相应地提高。例如，当前新能源汽车行业发展迅猛，相关项目的估值往往较高。相反，若行业逐渐衰退，市场需求萎缩，项目的估值则可能受到压制。

政策法规环境对项目估值的影响也不容小觑。有利的政策法规能够为项目创造良好的发展条件，如税收优惠、补贴政策等，从而提升项目的价值和估值。反之，严格的监管政策或限制措施可能会增加项目的运营成本和风险，导致估值下降。比如，环保政策的加强可能会对一些高污染行业的项目估值产生不利影响。

技术创新水平同样关键。拥有领先技术的项目往往具有更强的竞争力和发展潜力，能够在市场中占据优势地位，因此估值会较高。而技术落后的项目则可能面临被淘汰的风险，估值自然较低。以 5G 技术为例，相关创新项目因其技术的先进性而获得较高的估值。

综上所述，在评估项目估值时，必须充分考虑行业发展趋势、政策法规环境和技术创新水平等多种因素的综合作用，才能得出较为准确和全面的评估结果。

第三节　市场与理论交互认证

20 世纪 60~70 年代，研究者在指标选择的分析上过多偏重财务方面的考虑，忽略了相关市场、技术等不确定性因素。即使懂得企业创造价值的原理，会计算现金流量、资本成本，知道价值的计算公式，却缺乏对价值驱动因素的理解，缺乏对复杂环境、公司战略与价值创造之间联系的理解。20 世纪 80 年代，美国学者考虑技术、市场、管理等不确定性因素，得出了较全面的评估指标体系，注重

创业管理团队的承诺水平及相应的制度安排是最为显著的特征。因此，对于如何推动价值创造，企业往往认可其重要性，却不认可其操作性，在创造价值的道路上进展迟缓。没有从创意变成行动，企业存在的意义和企业家的价值便得不到体现。

20 世纪 90 年代后，新创公司大量获得了从风险资本家那里筹措的资本，对高新科技类项目，风险资本家积累了大量的投资经验。考察风险资本家评估这些公司的方式不无裨益。虽然风险资本家有时会使用贴现现金流模型评估这些私营企业，但是更有可能使用所谓"风险资本"方法。因此，如果预计私营企业将会上市，那么就预测一下它在未来一年的盈利。接着，使用这些盈利，结合根据业内上市公司估算得出的盈利乘数，来评估公司在首次公开募股时的价值，即所谓"退出或终端价值"（Exit or Terminal Value）。

例如，假设我们想要评估一家小型软件公司 InfoSoft。预计它在三年后上市，而在第三年的预期净收入为 400 万美元。如果各上市软件公司的市盈率为 25，就可估算得到 1 亿美元的退出价值；然后，针对预计它所将面临的风险，将这一价值根据风险资本家的目标报酬率（它衡量风险资本家所认为的合理报酬率）进行贴现，而对于这一目标报酬率的设定通常大大高出公司的常规股权成本。

经过贴现的"终端价值＝估算的退出价值／（1＋目标报酬率）"同样以 InfoSoft 公司为例，如果风险资本家要求获得 30% 的目标报酬率，IfoSoft 经过贴现的终端价值就是 InfoSoft 公司经过贴现的终端价值＝1 亿美元／1303＝4552 万美元。那么，风险资本家如何确定目标报酬率，以及它们为何如此之高呢？某些风险资本家或许构建了能够得出目标报酬率的复杂风险—报酬模型，但通常是根据判断、历史经验再加揣测综合得出这种报酬率；它们之所以很高则是包括三方面因素共同作用的结果，相对于其他公司而言，年轻和初创企业暴露于宏观经济风险的程度更大。按照资本资产定价模型的术语来说，它们应该具有更高的 β 值。

风险资本家通常专注于某一行业而没有实施投资的分散化。因此，针对这些原本能够分散得掉的公司特定风险，他们会要求更高的溢价。许多年轻初创企业最终都难以存活，故而目标报酬率结合了它们的破产风险。

DCF 模型涉及两个核心，分子端的未来现金流及分母端的贴现率。和传统企业的估值相比，对互联网企业的高估值主要在于很难对其未来的现金流状况进行预测。在对传统企业的估值中，我们倾向于认为某种趋势会继续，简化地用历史重演的逻辑去估计未来。

互联网是人类社会所共同面对的一场革命，很多高新类企业以及互联网公司对现实社会发生的冲击甚至连其自身都无法预测到。这导致互联网公司产生现金流的数量和增长的持续时间都很难预测，因此，我们以 DCF 模型做出来的互联网公司估值可能更倾向是"精确的错误"，这是 DCF 本身的局限。本书对互联网公司估价未做具体的案例分析，仅就核心产品具有很高科技含量的高新类企业进行分析，其商业范畴依旧是属于传统的商业模式。

第三篇　初创高新类
企业估值分析

第五章 未盈利高新类企业的上市分析

第一节 从创业板到北交所的设立逻辑

一、我国 A 股的主要板块概述

我国 A 股市场拥有多个主要板块，每个板块都有其独特的特点和定位。

主板市场是 A 股中最为成熟和稳定的板块。在这个板块上市的企业通常规模较大、业绩稳定、经营规范，涵盖了众多行业的龙头企业。主板对企业的盈利要求较高，上市门槛相对严格，旨在为投资者提供较为稳健的投资选择。

中小板则主要面向已经进入成长期但规模相对较小的企业。这些企业具有一定的盈利能力和发展潜力，在细分行业中具有一定的竞争优势。中小板的上市条件相对主板来说略宽松，为中小企业的融资和发展提供了重要的平台。

创业板侧重于支持具有高成长性和创新性的企业。这类企业往往处于创业初期，具有较大的发展空间，但同时也伴随着较高的风险。创业板对企业的盈利要求相对较低，更注重企业的创新能力和成长潜力。

科创板是近年来设立的新兴板块，重点支持新一代信息技术、高端装备、新材料、新能源、节能环保以及生物医药等高新技术产业和战略性新兴产业。科创板实行更加包容的上市制度，允许未盈利企业上市，强调企业的科技创新能力和研发投入。

科创板和创业板是我国证券市场中两个重要的板块，它们在定位、上市条件、交易规则等方面存在一定的差异。对比科创板和创业板，科创板是主要服务于符合国家战略、突破关键核心技术、市场认可度高的科技创新企业，突出科技的"科"，独立于主板市场，股票代码为"688"开头。创业板又称二板市场，即第二股票交易市场，是与主板市场不同的一类证券市场，专为暂时无法在主板市场上市的创业型企业提供融资途径和成长空间的证券交易市场。创业板股票代码为"300"开头。

科创板侧重于支持科技创新型企业，重点聚焦于新一代信息技术、高端装备、新材料、新能源、节能环保，以及生物医药等高新技术产业和战略性新兴产业。其上市条件相对较为宽松，允许未盈利企业上市，但对企业的研发投入、核心技术等方面有较高要求。在交易规则上，科创板的涨跌幅限制较宽，前5个交易日不设涨跌幅限制，之后涨跌幅限制为20%。

创业板则主要面向具有一定规模和成长潜力的创新型企业，涵盖了众多新兴行业。其上市条件对企业的盈利要求相对科创板稍高，但也比主板低。创业板的交易涨跌幅限制同样为20%，但在上市后的前5个交易日设有涨跌幅限制。

总的来说，科创板和创业板为不同类型和发展阶段的创新企业提供了融资渠道和发展空间，有助于推动我国经济的转型升级和创新发展，也为投资者提供了更多参与创新型企业成长的机会。这些不同的板块共同构成了我国 A 股市场的多层次体系，为不同规模、不同发展阶段和不同行业的企业提供了融资渠道，也为投资者提供了丰富多样的投资机会。

北交所，全称北京证券交易所，于 2021 年 9 月 3 日注册成立，北交所主要服务创新型中小企业，重点支持先进制造业和现代服务业，推动传统产业转型升级，培育经济发展新动能，促进经济高质量发展。

新三板是全国中小企业股份转让系统，属于场外市场。新三板不属于上市，在新三板的企业被称为挂牌。挂牌是证券企业为非上市企业提供股份转让服务业务，企业股份并没有在证券交易所挂牌，而是通过证券公司进行交易。

科创板、创业板和北交所上市公司相对主板来说科技含量更高。设立科创板并试点注册制，肩负着引领经济发展向创新驱动转型的使命，对于进一步提升资本市场功能，更好地服务供给侧结构性改革和高质量发展具有独特的作用。

创业板于 2009 年 10 月设立，致力于服务国家创新驱动发展战略，支持创新型、成长型企业发展。2020 年 8 月 24 日，创业板改革并试点注册制正式落地，改革后的创业板定位于深入贯彻创新驱动发展战略，适应发展更多依靠创新、创造、创意（三创）的大趋势，主要服务成长型创新创业企业，支持传统产业与新技术、新产业、新业态、新模式（四新）深度融合。

科创板的创立时间为 2018 年 11 月 5 日。在科创板创立之初，证监会强调要重点支持六大行业，分别是新一代信息技术、高端装备、新材料、新能源、节能环保以及生物医药等高新技术产业和战略性新兴产业，要推动互联网、大数据、云计算、人工智能和制造业深度融合，引领中高端消费，推动质量变革、效率变革、动力变革。在上交所随后公布的企业上市推荐指引中，也要求保荐机构重点推荐上述六大产业。2024 年 6 月 13 日，科创板迎来开板五周年。五年来，科创板的"硬科技"定位越来越清晰，在各个环节进行了一系列创新举措和优化，显著推动了科技创新和产业升级。截至 2024 年 6 月，在市值表现上，573 家科创板企业中，有 17 家市值突破 500 亿元，中芯国际、百济神州 -U、海光信息、金山办公市值更是超过 1000 亿元。科创板和创业板的研发投入强度，显著高于沪深两市主板上市公司。

北交所的发展目标是构建一套契合创新型中小企业特点的涵盖发行上市、交易、退市、持续监管、投资者适当性管理等基础制度安排，补足多层次资本市场发展普惠金融的短板。北京证券交易所在多层次资本市场的纽带作用，形成相互补充、相互促进的中小企业直接融资成长路径。培育一批专精特新中小企业，形成创新创业热情高涨、合格投资者踊跃参与、中介机构归位尽责的良性市场生态。部分北交所上市公司已经形成按需、小额、多次的接续融资机制。

从各个板块开通权限上看，以上板块中，主板股票是你开立股票账户即可买的，其他板块均需要单独开通权限才能买，各个板块开通权限所需条件如下：

（1）创业板：20 个交易日日均资产 10 万元以上；满 2 年股票交易经验。

（2）科创板：20 个交易日日均资产 50 万元以上；满 2 年股票交易经验。

（3）北交所：20 个交易日日均资产 50 万元以上；满 2 年股票交易经验。

（4）新三板（二类权限）：10 个交易日日均资产 100 万元以上；满 2 年股票交易经验。

（5）新三板（一类权限）：10 个交易日日均资产 200 万元以上；满 2 年股票交易经验。

已开通科创板交易权限的投资者，可以直接开通北交所交易权限，对已具有科创板交易权限的投资者开通北交所权限，在风险等级匹配的情况下，直接签订风险揭示书，即可开通北交所权限。

表 5-1　沪深京港四地证券交易所交易量"头部集中"趋势分析

单位：万元/万港元

序号	板块名称	上市家数	2022-11-02总成交额	排名前10%的公司成交额	排名前10%公司成交额占总成交额的比例	排名前20%的公司成交额	排名前20%公司成交额占总成交额的比例	排名前30%的公司成交额	排名前30%公司成交额占总成交额的比例	中间排名公司的日成交额	备注
1	上主板	1667	37564894.08	20730027.72	55.18%	27059695.11	72.03%	30696047.97	81.71%	7806.24	
2	深主板	1501	37828009.58	19380058.11	51.23%	25782848.65	68.16%	29590038.53	78.22%	10311.64	
3	创业板	1221	21617568.50	10969733.79	50.74%	14652858.61	67.78%	16950487.61	78.41%	7277.21	
4	科创板	487	8174798.66	3579265.68	43.78%	5020523.28	61.41%	6012623.77	73.55%	8689.2	
5	北交所	125	108509.75	72485.93	66.80%	86931.01	80.11%	94838.16	87.40%	228.82	0家当日成交低于10万元人民币，30家低于100万元人民币，合计占到上市家数的24%
6	香港主板	2305	916518878	8625607.69	94.11%	9081186.07	99.08%	9150112.56	99.84%	4.03	793家当日成交低于10万港币，504家当日成交低于10万港币，合计占到总上市家数的56.3%。有1277家股价低于或等于1元港币（仙股），占比55.4%。
7	香港创业板	361	6393.88	6155.60	96.27%	6372.23	99.66%	6391.94	99.97%	0	234家当日成交为0，另有84家当日成交低于10万港币，合计占到上市家数的88%。只有17家股价高于1元港币，占比4.7%

资料来源：根据相关资料整理。

二、未盈利高新类企业的上市

支持未盈利的高新类企业上市对我国产业结构升级具有多方面的重要作用：

首先，为创新型企业提供资金支持。未盈利的高新类企业往往在研发阶段需要大量资金投入，上市能够为其开辟新的融资渠道，解决资金短缺的"瓶颈"，使其有足够的资源进行技术研发和创新，推动产业向高端化、智能化方向发展。其次，促进技术创新和成果转化。这类企业通常拥有前沿的技术和创新的商业模式，上市有助于加速其技术成果的商业化应用，推动新技术在各行业的广泛应用，从而带动整个产业的技术进步和效率提升。再次，优化资源配置。引导资金流向具有高增长潜力的高新领域，促进资源从传统产业向新兴产业转移，提高资源的利用效率，推动产业结构的优化调整。此外，激发创新创业活力。为创业者和创新者提供更广阔的发展空间和成功机会，吸引更多人才投身于高新技术产业，形成良好的创新创业生态，进一步推动产业结构的升级和创新发展。最后，增强产业竞争力。未盈利的高新类企业上市后，能够借助资本市场的力量进行并购重组、拓展市场，提升企业的规模和竞争力，促进相关产业的整合和优化，提高我国产业在全球价值链中的地位。

然而，这一过程也充满了挑战与机遇。未盈利高新类企业通常具有强大的创新能力和巨大的发展潜力。它们往往专注于研发前沿的技术或产品，致力于解决行业中的难题或满足市场的新需求。这类企业在早期阶段通常需要大量的资金投入来进行技术研发、市场开拓和人才招募。而且，未盈利意味着企业缺乏稳定的盈利记录，这使投资者难以评估其未来的盈利能力和风险。此外，未盈利企业的财务状况可能较为脆弱，资金链的稳定性是一个关键问题。而且，市场竞争激烈，技术更新换代迅速，未盈利高新类企业面临着技术被超越或市场份额被挤压的风险。

同时，未盈利高新类企业上市也存在诸多机遇。上市可以为企业提供充足的资金，支持其进一步的研发和业务拓展，通过上市，企业能够提升品牌知名度和市场影响力，吸引更多的人才和合作伙伴。最后上市有助于企业建立更加规范的治理结构和内部控制。

2023 年 2 月 17 日，股票发行注册制全面实施，这是资本市场极具纪念意义的时刻。同一天，深交所也发布"关于未盈利企业在创业板上市相关事宜的通知"，正式启用"未盈利上市标准"。这意味着，自 2020 年创业板注册制实施以来，首次开始允许"未盈利"企业在创业板申报上市，意义重大。所谓的"未盈利"企业，并非单纯地指"报告期内"亏损的企业，而指的是：公司成立后，一直亏损，截止到申报之前，仍然没有实现盈利的企业。从这个意义上说，此次创业板允许"未盈利"企业上市，体现了巨大的包容性。

亮点一：首次允许"未盈利"企业上市。

根据《创业板上市规则》，普通企业要想在创业板上市，要有三条标准：

标准一，最近两年净利润均为正，且累计净利润不低于人民币 5000 万元。

标准二，预计市值不低于人民币 10 亿元，最近一年净利润为正，且营业收入不低于人民币 1 亿元。

标准三，预计市值不低于人民币 50 亿元，且最近一年营业收入不低于人民币 3 亿元。

交易所在此次"问答"中提到，自 2020 年创业板注册制实施之初，就制定了"未盈利"企业上市标准，即"预计市值不低于人民币 50 亿元，且最近一年营业收入不低于人民币 3 亿元"。同时也考虑"稳中求进"的实际情况，彼时明确了暂不实施的"过渡期"。实际上，创业板注册制 2020 年开板以来，在创业板申报上市的企业，都在标准一和标准二之间选择，其中更多地选择"两年 5000 万元利润"的标准。无论是标准一还是标准二，都对盈利提出了要求，标准一要求三年报告期，最近两年需要盈利，其合计利润不低于 5000 万元。实践中，对盈利的标准要求更高，一般中介机构要求按照标准一申报的企业，其最近一年的净利润不低于 6000 万元到 7000 万元。另外，尽管标准二号称"市值+收入"指标，其只要求"利润为正"，并没有规定具体的利润指标，但其本质仍然是要求盈利，不能亏损。而且在实践中，尽管按照标准二，但最近一年如果没有超过 5000 万元利润，申报仍然有一定的风险。总之，在实施"全面注册制"之前，创业板对于"最近一年或者两年盈利"，都提出了较高的要求。此次正式启用标准三，也即允许"预计市值不低于人民币 50 亿元，且最近一年营业收入不低于人民币 3 亿元"的企业在创业板上市，正式取消了"盈利"要求。

需要强调的是，所谓的"未盈利"企业，并非单纯地指"报告期内"亏损的企业，而指的是：公司成立后，一直亏损，截至申报之前，仍然没有实现盈利的企业。从这个意义上说，此次创业板允许"未盈利"企业上市，体现了巨大的包容性。不过，标准三针对的显然并非普通企业，一般的企业要满足这个标准仍然并非易事。首先，预计市值不低于 50 亿元，显然是针对"强研发强技术的独角兽企业"。预计市值要求的是在发行的时候的市值不低于50亿元，由于其要求的是发行的时候，企业并不好把握，如果我们换一个角度，就很好理解。既然要求在发行的时候市值不低于50亿元，那么在申报前的最后一轮融资，其投后估值肯定不会与50亿元差距太大。可以想见的是，对于成立后就没有赚过钱的企业，其上市前最后一轮对外融资，估值仍然可以高达40亿元到50亿元，这样的企业，显然是"独角兽型"的企业，并非普通企业。另外，营收不低于3亿元，实际上是对"未盈利"企业跑通商业模式的要求。盈利是对于产品达到规模化生产后的要求，而只要求营收不要求利润，实际上是要求企业的产品能被市场所接受，具有商业化可行性，其商业模式已经跑通，从这个意义上说，有一定规模营收，仍然具有极大的"商业价值"和上市参考价值。

亮点二：仅"新兴行业"可亏损上市。

"未盈利"企业上市，除对市值营收有要求，对所属的行业也进行了严格限定。深交所发布的《关于未盈利企业在创业板上市相关事宜的通知》中，明确了允许"未盈利企业上市"的行业范围，包括先进制造、互联网、大数据、云计算、人工智能、生物医药等高新技术和战略性新兴产业。也就是说，只有战略新兴型行业的企业，才允许按照"50亿元市值+3亿元营收"的标准申请在创业板上市，这与《国家重点支持的高新技术领域》中高新技术企业申报认定八大领域高度吻合，因为国家重点支持的高新技术领域就包含电子信息、生物与新医药、航空航天、新材料、高技术服务、新能源与节能、资源与环境、先进制造与自动化。普通的制造业企业，其从成立之初就一直亏损，从来没有盈利，这样的企业暂且无论是否能够申请上市，就其生存本身而言，都存在很大的问题。表示企业一直在做亏本生意，不能自我造血，且未来也看不到盈利的希望，从根本上看，这样企业的商业模式就是不可行的。但对战略高科技企业来说，现在未盈利是有原因的，很大的可能性是前期需要大量的研发或者设备投入，研发费用太高或者摊销太多，但一旦企业上量，其很快就可以实现盈利；或者对于医药类企业来说，从研发到产品商业化，周期太长，但一旦新药推向市场，也可以快速创造巨大的商业价值。从限定的行业来分析，"未盈利"行业，大概率仍然主要聚焦在两大行业，芯片和药业。先进制造中就包括了芯片半导体行业，从芯片的设计、制造、封测以及材料设备，还有芯片应用的各个下游产品链；而生物医药行业，则会鼓励更多的新药企业，在创业板上市。

第二节　创业板、北交所的上市考核分析

在我国的资本市场中，创业板和北交所为企业提供了不同的上市渠道，它们的上市考核标准各有特点。

创业板主要服务于成长型创新创业企业，其上市考核重点关注企业的成长性、创新性及持续经营能力。在财务指标方面，创业板有几套不同的标准，包括最近两年净利润均为正且累计净利润不低于 5000 万元；预计市值不低于 10 亿元，最近一年净利润为正且营业收入不低于 1 亿；预计市值不低于 50 亿元，且最近一年营业收入不低于 3 亿元等。此外，创业板还对企业的主营业务、股权结构、公司治理等方面有严格要求，注重企业的创新能力和发展潜力。

公司如果要在创业板上市的话，公司经营需要满三年，且最近两年净利润不少于 1000 万元，或者最近一年营业收入不少于 5000 万元，还有最近一期末净资产不少于 2000 万元，且不存在未弥补亏损和发行后股本总额不少于 3000 万元。公司如果要在科创板上市的话，首先要属于科技创新型的企业，其次发行后股本总额不少于 3000 万元，预计市值不低于人民币 100 亿元或者预计市值不低于人民币 50 亿元，且最近一年营业收入不低于人民币 5 亿元。

北交所则致力于打造服务创新型中小企业的主阵地，其上市考核更具包容性。在财务条件上，北交所有四套标准可供选择，如市值不低于 2 亿元，最近两年净利润均不低于 1500 万元且加权平均净资产收益率平均不低于 8%，或者最近一年净利润不低于 2500 万元且加权平均净资产收益率不低于 8%；市值不低于 4 亿元，最近两年营业收入平均不低于 1 亿元，且最近一年营业收入增长率不低于 30%，最近一年经营活动产生的现金流量净额为正等。北交所还强调企业的规范性和信息披露质量，注重企业的创新特征和市场认可度。

综上所述，创业板和北交所的上市考核标准在财务指标、企业定位等方面存在差异，企业应根据自身的发展阶段、业务特点和战略规划，选择适合的上市板块，以实现更好的融资和发展。

首先，从上市条件来说，北交所对中小企业的上市要求较低，具体体现在预计市值、净利润、营业收入等方面都低于上交所和深交所对于大型企业的上市要

求，以便中小企业能够达到上市要求挂牌上市。从退市条件来说，北交所要求强制退市的考核周期只有 60 个交易日。

其次，在企业的自我管理方面有一系列的优惠政策，帮助企业提高自身竞争力。例如，在企业内部的人员管理和流动上，考虑到中小企业人员流动的频繁性，北交所对于高级管理人员的股权持有时间要求更短。这也有利于中小企业灵活调整人员结构，建立内部人员管理框架。在股权激励方面，《北京证券交易所上市公司持续监管办法（试行）》也规定了最高的比例，用以提高公司人员待遇，保障员工福利，有力地减少人才外流，缓和劳资关系。

最后，北交所通过《北京证券交易所投资者适当性管理办法（试行）》降低投资者的准入资金门槛和限制涨跌幅两方面的措施，平衡投资者的投资风险降低准入资金门槛。

北交所在中小企业和投资者的风险和盈利的博弈之间寻找平衡，尽可能降低风险带给投资者的影响，使中小企业在投资市场上更具有吸引力。同时，北交所对中小企业自身的管理也提出了更高的要求。

如保荐机构的持续督导期间相较于科创板和创业板来说时间更短；取消科创板"上市公司原则上不得变更履行持续督导职责的保荐机构"的规定等，将上市公司作为信息披露和规范的第一负责人。

这也是为了增强中小企业管理者的法律意识和风险意识，使其能够在获得融资后持续自觉依法经营。因此北交所对于时间的严格限制有利于中小企业抓住上市机遇，做出可靠的预期。

北交所对中小企业的上市融资有极大的包容性，既实现了对中小企业的市场监管，又不至于过于死板，在对中小企业进行监管的同时，尽可能地拓宽其融资渠道。在董监高等高级管理人员的行为规范方面和上市公司财务状况、资金管理等方面做出规定，弥补了长久以来对中小企业监管的不足，使中小企业能够处于公开的管控之下，优化了中小企业所处市场的法律环境敦促北交所上市的中小企业提高企业管理能力，增强法律意识和风险意识，鼓励其依法有序发展。北交所弥补了我国市场上长期对中小企业监管和支持的空缺，将与上交所和深交所齐头并进，推动整个市场经济持续健康发展。

第三节 科创板上市条件分析和标准

一、科创板简介

科创板是独立于现有主板市场的新设板块，设立于上海证券交易所。2018年11月5日，习近平总书记在首届进博会开幕式上宣布，在上海证券交易所设立科创板并试点注册制。科创板的推出，是我国多层次资本市场改革的重要举措，其设立拓宽了高新技术产业直接融资途径，有助于推动资本市场更好地服务于科技创新。试点注册制意味着我国资本市场改革进一步深化。注册制更注重信息披露和上市公司质量，重披露轻审核，使合理进行企业估值的重要性进一步凸显。2019年6月5日，科创板首批3家企业过会；6月13日正式开板；7月22日正式步入"交易时间"，25家科创企业当天上市。

科创板主要服务于符合国家战略、突破关键核心技术、市场认可度高的科技创新企业。其重点支持新一代信息技术、高端装备、新材料、新能源、节能环保以及生物医药等高新技术产业和战略性新兴产业。

科创板具有一系列创新制度和特点。在上市条件上，更加注重企业的科技创新能力和发展潜力，允许未盈利企业上市，同时设置了多套上市标准，以适应不同类型科创企业的需求。在交易制度方面，科创板的涨跌幅限制相对较宽，且引入了做市商制度，提高了市场的流动性和价格发现功能。

科创板的设立为科技创新企业提供了更便捷的融资渠道，有助于推动我国科技创新和产业升级，促进经济高质量发展。同时，也为投资者提供了更多参与科技创新企业成长的机会。

二、科创板上市的基本条件和标准

根据上交所规定，企业在科创板上市需要满足如下要求（红筹股和特殊表决权安排企业另有规定）。

科创板的设立是我国资本市场发展过程中的一座里程碑，肩负着支持高成长性的科创企业快速发展和推动审核制到注册制的制度改革两大历史使命。

科创板面向世界科技前沿、经济主战场、国家重大需求，主要服务于符合国家战略、突破关键核心技术、市场认可度高的科技创新企业。

在上市制度上，注册制以信息披露为核心，上市周期缩短，提高了资本市场进行资源配置的效率；定价上放开了 23 倍市盈率的限制，更加市场化。在企业上市条件上，科创板更具有包容性。原有的主板、中小板、创业板均将净利润为正作为硬性指标，而不少科技企业处于初创或成长期，研发费用占比极高，产品尚未达成量产，不能满足该要求。硬性的盈利指标导致这类企业难以进行公开市场融资，限制了其发展，也削弱了资本市场价值发现的功能。而科创板放开了净利润的限制，在上市条件上设立了五套标准，企业可以自行选择其一，为尚未盈利的科技型企业上市融资提供了机会。

总体来看，科创板"成长+科创"属性突出，多标准、轻盈利、重估值，其设立将助力资本市场改革，支持高新技术和战略性新兴产业发展，推动互联网、大数据、AI 等和制造业深度融合，引领经济和社会生活的深刻变革。

允许未盈利企业上市，这是科创板做出的重大尝试，也是推动我国科技发展和资本市场改革的重要举措。但同时，利润是传统估值方法的重要衡量因素，对于未实现盈利的企业，其估值更重要，也更复杂。传统的估值方法不再适用，比如基于利润的 PE 方法；这类企业无形资产占比高，具有较高的科技属性，企业资产的账面价值与公允价值、可变现净值的差别难以衡量，使用 PB 方法也可能与企业实际价值产生较大偏离。另外这类企业成长性好，发展潜力大，同时所处行业大多技术更迭迅速，研发失败和技术路线淘汰的风险也更高；另外，投资者对科创板的热情更高，导致大量资金涌入，资金供给旺盛可能造成企业的市场价值高于其真正内在价值，这都是估值中应考虑的因素。

科创板未盈利企业可以分为两大类：一类是医药企业，另一类是信息技术企业和高端装备企业。前者的估值主要与新药研发是否成功有关，具有行业特殊性，对后者的研究更有普遍价值。通过对科创板未盈利企业的特征分析，选择适合的科创板未盈利企业的估值方法，并建立可以推广至科创板未盈利企业的整体估值。

所以，作为我国资本市场的一次里程碑式的改革，科创板有如下几个明显特征：

一是科创定位突出，面向科技前沿，普遍研发投入高，营收增长快，部分企业核心技术有国际引领或国家战略意义。

二是在产业分布上高度集中，新一代信息技术、生物和高端设备制造申请数量合计占比近 80%。

三是注册制下更重信息披露，上市流程优化精简，上市平均耗费时间大幅缩短，允许未盈利企业、红筹企业、投票权差异企业上市，上市标准也更加多元化。

四是在定价上，科创板的市场化特征也更为明显，定价权被更多地赋予市场和投资者，更加考验保荐机构的定价能力。

根据上交所规定，企业在科创板上市需要满足如下要求（红筹股和特殊表决权安排企业另有规定）。

上市的五条基本条件为：①满足《科创板首次公开发行股票注册管理办法（试行）》（以下简称《注册办法》）第十条至第十三条规定的发行条件；②公司及其控股股东、实际控制人不存在最近 3 年受到中国证监会行政处罚，因涉嫌违法违规被中国证监会立案调查，尚未有明确结论意见的情形；③股本总额不低于人民币 3000 万元；④公众股东持股比例达到转板公司股份总数的 25% 以上；转板公司股本总额超过人民币 4 亿元的，公众股东持股的比例为 10% 以上；⑤市值及财务指标符合《注册办法》的规定。

表 5-2　科创板上市标准

标准一	预计市值≥10 亿元+两年净利润为正或一年净利润为正+净利润≥5000 万元 收入≥1 亿元		
标准二	预计市值≥15 亿元+收入≥2 亿元+三年研发投入占比≥15%		
标准三	预计市值≥20 亿元+收入≥3 亿元+三年现金流≥1 亿元		
标准四	预计市值≥30 亿元+收入≥3 亿元		
标准五	预计市值≥40 亿元+已获阶段性成果（主要指医药企业至少有一项获准临床二期）		

资料来源：上海证券交易所。

高新科技公司是指那些依靠科技创新和研发能力推动业务增长的公司。这些公司通常在某一高科技领域研究和开发，比如软件和服务型公司：这类公司主要提供软件和相关服务，如云计算、软件开发和 IT 咨询等。这些公司通常具有较高的盈利能力和稳定的现金流。半导体公司：这类公司涉及半导体芯片设计、制造和销售。这些公司通常具有技术壁垒和高昂的研发成本，但也具有巨大的市场潜力。生物技术公司：这类公司针对生物学领域进行研究和开发，如基因测序、药物研发和医疗设备等。这些公司具有较高的风险和不确定性，但也具有巨大的市场潜力。智能硬件公司：这类公司开发和制造智能设备和物联网产品，如智能手机、可穿戴设备和智能家居等。这些公司通常具有较高的销售收入和市场份额。

高新科技公司上市的潜质取决于多种因素，包括市场需求、创新能力、管理团队和财务状况等。以下是一些可能影响高新科技公司上市潜力的因素。

（1）市场需求：如果某一领域存在巨大的市场需求，并且该公司在该领域拥有先进的技术和知识产权，那么其上市潜力可能较高。

（2）创新能力：高新科技公司必须不断进行研发和创新以保持竞争优势。如果公司具有强大的研发和创新能力，那么其上市潜力可能较高。

（3）管理团队：一家成功的高新科技公司需要具有稳定、有经验的管理团队来带领公司前进。如果公司的管理团队具有出色的领导力和执行力，那么其上市潜力可能较高。

（4）财务状况：高新科技公司通常需要进行大量的研发投资，因此其财务状况对其上市潜力至关重要。如果公司具有健康的财务基础，并能够实现盈利和现金流的稳定增长，那么其上市潜力可能较高。

总之，高新科技公司的分类逻辑和上市潜质取决于多种因素。只有在满足市场需求、拥有创新能力、具备出色的管理团队和健康的财务状况等条件下，一家高新科技公司才能够成功上市并获得投资者的青睐。

三、"科创板第五套上市标准"的创新设计

"科创板第五套上市标准"的创新设计主要体现在以下几个方面：

其一，放宽了财务指标的限制。不再单纯依赖企业的盈利状况和营收规模，而是更注重企业的研发成果、技术实力和市场前景，为尚未盈利但具有巨大发展潜力的创新型企业提供了上市通道。突破了传统的以盈利为主要衡量指标的上市标准。

其二，突出了对研发投入的重视。要求企业在上市前有较大规模的研发投入，这有助于筛选出真正致力于科技创新的企业，鼓励企业将资源投入到研发创新中。

其三，强调了核心技术的重要性。企业必须拥有自主研发、国际领先的核心

技术，这一要求促使企业不断提升技术水平，增强核心竞争力。强调了对创新药等特殊领域的支持。为那些处于研发阶段、尚未实现盈利但具有重大创新成果和广阔市场前景的生物医药企业提供了上市机会，促进了生物医药行业的创新和发展。

其四，注重企业的市场估值。通过对企业的市场价值进行评估，判断其是否具备上市资格，这为那些虽然当前盈利不佳但在市场上具有较高认可度和潜在价值的企业打开了资本市场的大门。以预计市值作为上市标准之一，充分考虑了市场对企业未来价值的预期，为那些在创新领域具有独特优势但短期财务表现不突出的企业提供了机会。

其五，具有前瞻性和适应性。"科创板第五套上市标准"的创新设计的灵活性和适应性。能够根据市场变化和企业发展的实际情况进行调整和完善，以更好地满足不同类型创新企业的上市需求。能够适应新兴产业和创新型企业的发展特点，随着科技和市场的变化不断调整和完善，为不同类型的创新企业提供了灵活的上市选择。为更多具有创新能力和发展潜力的企业提供了上市融资的机会，有助于推动我国科技创新和产业升级。

科创板的第五套上市标准主要针对尚未形成一定收入规模的"硬科技"医疗器械企业，该标准包括以下内容。

（1）预计市值不低于人民币40亿元；

（2）主要业务或产品需经国家有关部门批准，市场空间大，目前已取得阶段性成果。

（3）医药行业企业需至少有一项核心产品获准开展二期临床试验，其他符合科创板定位的企业需具备明显的技术优势并满足相应条件。

这一标准的设立是为了支持更多国产医疗器械企业在科创板发行上市，有望为这些企业带来资本助力。在采用第五套标准申请上市的企业中，已有19家企业成功上市，其中包括微电生理等医疗器械类公司。

"科创板第五套上市标准"的创新设计上有如下内容：

（1）允许未盈利企业上市。科创板推出的上市制度为高新技术企业和战略性新兴产业提供了多元包容的发行上市条件。在此之前，企业申请上市需要满足盈利等硬性规定，导致一些尚未盈利但成长性良好的企业只能奔赴中国香港或海外市场上市。科创板作为我国产业高质量发展的推手，在综合考虑盈利能力、现金流情况、研发投入、预计市值等因素，推出五套上市标准。"科创板第五套上市标准"允许满足市值和研发能力条件的未盈利企业申请上市。一是弱化企业盈利能力，注重企业创新能力。科创板推出了不含盈利要求的可选指标，进而支持有成长潜力但尚未盈利的新兴企业上市参与融资。二是引入市值指标，并设置以市值为核心的上市标准，这样更能符合上市公司的未来价值创造。具体到创新药企业，企业至少拥有一项由国家有关部门批准的核心在研药物，并且此药物的研发阶段已经进入二期临床试验。

（2）试点注册制。"科创板第五套上市标准"显现了科创板注册制改革优势。科创板作为资本市场改革"试验田"，于2013年明确提出。2018年习近平总书记在首届进博会上宣布设立科创板并试点注册制，体现了我国对注册制改革的决心。一方面，顺应了我国战略新兴企业的发展规律，提升新兴企业的直接融资比例。另一方面，由于核准制下发行条件较多且流程复杂，导致发行节奏放慢。科创板试点注册制提升了首次公开发行（IPO）效率，缩短企业发行周期和降低发行成本。第一，注册制明确了证监会和上交所的发行责任分工，避免在对企业上市进行实质性审核中，无法辨识企业的成长性和未来价值；第二，注册制较好地发挥了信息披露作用，投资者根据未盈利企业披露信息判断是否投资。

（3）设置严格上市、退市规则。采用"科创板第五套上市标准"企业，需执行严格的上市、退市制度。目的是倒逼未盈利企业加快研发，尽早进入产品商业化阶段。

第一，需进行严格上市审核问询。首先，取消了上市直接定价方式，全面推出以机构为主体的询价和定价机制。其次，在问询函中应重点回答如下问题：是否客观预测市场规模、是否有核心技术专利、是否具备生产经营全部资质等。

第二，退市标准更严。一是采用第五套规则上市的企业，若主营业务、研发产品所依赖的技术研发失败或被禁止使用，则有可能触发研发失败退市风险警示。二是自上市后第四个完整会计年度起，若净利润为负且营业收入低于1亿元，或期末净资产为负，则有可能启动财务指标退市程序。

第四节　科创板未盈利企业分布

科创板未盈利企业所在的行业大多具有技术密集、研发投入高、创新难度大等特点，但也具备广阔的市场前景和巨大的发展潜力，分布主要集中在以下几个领域：

（1）生物医药行业：包括创新药研发、生物制品、医疗器械等细分领域。这类企业通常需要大量的资金投入进行药物研发、临床试验等，在产品上市并实现规模化销售之前，往往处于未盈利状态。但这些企业拥有前沿的研发技术和创新的药物管线，具有巨大的发展潜力。

（2）新一代信息技术行业也是未盈利企业较为集中的领域。如半导体芯片设计、人工智能、云计算等。例如，一些从事芯片研发、人工智能技术开发的企业，在早期需要大量资金投入进行技术攻关和产品研发，拓展阶段需要持续投入，周期相对较长，短期内难以产生显著的盈利。

（3）高端装备制造行业：涵盖航空航天、智能制造、新能源装备等。由于技术难度高、研发成本大，企业在早期可能难以实现盈利。

（4）新材料行业：例如高性能复合材料、新型电子材料等。新材料的研发和市场推广需要时间和资金，未盈利情况在发展初期较为常见。

总体而言，科创板未盈利企业主要集中在技术密集型、创新驱动型的行业，它们的发展对推动我国相关产业的技术进步和创新具有重要意义。

截至 2024 年 6 月，科创板共有 53 家企业在未盈利的情况下完成上市，且均来自生物制药、高端设备制造等战略性新兴产业。

习近平总书记在黑龙江考察调研期间，提到"新质生产力"，要整合科技创新资源，引领发展战略性新兴产业和未来产业，加快形成新质生产力。国务院总理李强在今年《政府工作报告》中提出，大力推进现代化产业体系建设，加快发展新质生产力。战略性新兴产业是形成新质生产力的主阵地，而资本市场是体现新质生产力成色的舞台。资本市场积极拥抱新质生产力，给予新质生产力企业相对较高的估值，新质生产力企业以创新领跑的优势反哺资本市场，资本市场与新质生产力企业形成了良性互促的格局。

创业板和北京交易所的创立逻辑都与中国经济转型和创新发展战略有关。我国政府希望通过支持创新型企业的发展，推动经济由传统制造业向高端制造业、智能制造、数字经济等领域转型升级，提高经济结构的质量和效益。同时，中小微企业是中国经济的重要组成部分，但由于缺乏融资渠道和市场化运作经验等问题，融资难、融资贵一直是制约其发展的瓶颈。因此，创业板和北京交易所的创立旨在为创新型企业和中小微企业提供更为便捷、灵活的融资和退出机制，为其发展壮大提供支持和保障。

　　允许尚未盈利企业在科创板上市是我国资本市场的重要举措，这为很多有潜力的初创期和成长期的科技企业提供了公开市场融资的机会，无论是在发行阶段还是上市后的证券交易阶段，一级市场和二级市场的投资者都需要对企业进行合理估值，这对于选择合适的投资标的，促进资本市场推动实体经济发展，利用资本市场推动科技创新都有重要的意义。

第六章　无人载人飞行器的估值

第一节　无人机项目估值概述

无人载人飞行器作为一项前沿的科技产品，其估值受到多种因素的影响。首先，技术创新程度是关键因素之一。具备先进的飞行控制技术、高效的能源管理系统以及安全可靠的载人保障技术的飞行器，往往具有更高的价值。其次，市场需求也对估值产生重要影响。如果在旅游、物流运输、紧急救援等领域有广阔的应用前景和强烈的市场需求，那么其估值会相应提升。还有竞争态势，市场上同类产品的竞争情况，包括竞争对手的技术水平、市场份额和发展策略等，都会影响对特定无人载人飞行器的估值判断，同时，企业的研发能力和团队实力也需考量。强大的研发团队、丰富的技术储备以及良好的产业化能力的企业，其产品的估值通常更具优势。此外，政策环境对无人载人飞行器的发展起着引导作用。有利的政策支持会增加市场对其的信心，从而提高估值。综合来看，无人载人飞行器行业估值扩张已经到了不容忽视程度，需要全面考虑技术、市场、竞争、企业实力和政策等多方面因素，以得出较为准确和合理的估值结果。

一、项目概况

无人机产业是一个新兴的高科技产业，从研发、制造到使用、管理及服务涉及诸多领域。无人机即空中机器人，能够替代人类完成空中作业，同时与成像设备等部件结合能够扩展应用场景。其产业链上游主要是新型材料、电子元器件、软件设计等，产业链下游除了军用这个主要市场，还涉及科学研究、农业、电力、运输、气象等诸多行业。目前，军用无人机数量最多，技术水平也最高。民用无人机主要集中在科学研究和政府相关部门内，产业链下游尚未完全形成规模化且长期稳定的商业客户群体。随着世界范围内军民融合战略的实施和推进，近几年无人机技术在民用领域的应用获得长足发展。相关行业数据显示，2024 年无人机市场规模估计为 352.8 亿美元，预计到 2029 年将达到 676.4 亿美元，预测期内的复合年增长率为 13.90%。就市场销量及收入而言，2024 年，全球无人机市场销量将达 819 万台，收入将达 43 亿美元，预计到 2029 年，全球无人机市场销量将达到 950 万台。2022~2032 年，全球无人机市场规模预计将大幅增长。无人机产业链如图 6-1 所示。

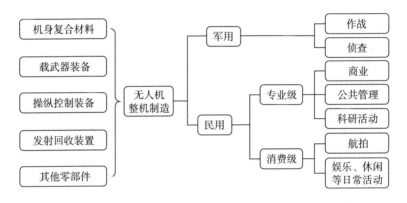

图 6-1 无人机产业链

无人机按机身构造主要分成固定翼、直升机、多旋翼三种。随着技术成熟，零配件成本降低，并且开发了航拍、电力巡检等应用场景，以多旋翼无人机为主的小型民用无人机市场成为热点。无人机技术成熟降低了行业门槛，使行业竞争加剧，产品出现分化，技术和产品的成熟也使应用和配套服务越发丰富。

亿航智能作为全球领先的智能自动驾驶飞行器科技企业，在航空领域展现出了卓越的创新能力和技术实力。它致力于研发和推广先进的自动驾驶飞行器技术，为未来的交通出行带来了全新的可能性。亿航智能的产品不仅具有高度的智能化和自动化特点，还在安全性、稳定性和环保性等方面表现出色。不断推动着行业的发展，为解决城市交通拥堵、提高运输效率等问题提供了创新的解决方案。相信在未来，亿航智能还将继续引领智能自动驾驶飞行器领域发展，为人们的生活带来更多便捷和高效的出行方式。该公司通过覆盖城市空中交通（包括载人交通和物流运输）、智慧城市管理和空中媒体等应用领域担当了全球城市空中交通行业、自动驾驶飞行器创新技术与应用模式的领军者。

该公司成立于 2014 年 4 月，由来自国内外的飞行器爱好者创立的智能无人机公司，核心成员来自国际知名院校。通过软硬结合的创新技术，自主研发了通信图传硬件与手机导航操控系统。其中一款用手机操控的智能无人机，能够广泛应用于地理信息测绘、影视航拍、路演展示、应急救灾、侦查与监控、物流快递等领域。

全球第一款可载客的无人驾驶飞机，由该公司智能技术独立自主研发制造，是一款安全、环保、智能的自动驾驶低空飞行器，将为人们提供中短途日常交通运输解决方案。2019 年 12 月 12 日，该公司在美国纳斯达克全球股票市场成功上市，成为全球城市空中交通行业第一股。

二、行业及市场分析

1. 行业分析

（1）行业主要法律法规政策。

我国对低空空域的监管十分严格，无人机属于民航的一个分支，无人机市场的发展与国务院、中央军委空中交通管制委员会和中国民航局的相关政策规定密切相关。2003 年《通用航空飞行管制条例》规定，在飞行前，首先要向空军申请"拟设临域"，至少需要提前 7 天申请；其次在获得临用许可后，还需要提前 1 天向民航局申请"飞行计划"，获得审批许可后方可飞行。2010 年《关于深化我国低空空域管理改革的意见》，明确将推进低空空域向通用航空活动开放分为三个阶段，从局部地区改革试点到全国推广试点，最后深化改革，完善低空领域管理机制。2013 年《通用航空飞行任务的审批与管理规定》中规范了通用航空飞行任务的审批与管理。2014 年《低空空域使用管理规定（试行）》中将低空空域分为管制空域、监视空域和报告空域，其中涉及监视、报告空域的飞行计划，企业只需向空军和民航局报备后即可实施。2015 年《轻小型无人机运行试行规定》：7 公斤以上的无人机，需明确接入"电子围栏"及"无人云机"，驾驶员有严格的操作限制；7 公斤以下的无人机驾驶员无须执照。2016 年《关于促进通用航空业发展的指导意见》，将低空空域从 2010 年认定的真高（即以飞机正下方地平面为基准测量的高度）1000 米以下提升到 3000 米以下。

从政策角度来看，无人机行业的相关政策规定正在逐步完善，这有利于无人机市场的发展，这也具有商业化运营的远景。随着低空载人飞行器技术的不断发展，相关的政策规定也在逐步完善。

在飞行安全方面，严格要求飞行器必须具备完善的安全保障系统，包括但不限于可靠的飞行控制系统、应急处理机制以及防撞功能等。对飞行器的生产制造，实行严格的质量标准和认证制度，确保产品符合相关技术规范和安全要求。在空域管理方面，规定了低空载人飞行器的飞行区域、高度和时间，通常需要提前向有关部门申请并获得许可。在驾驶员资质方面，设立了相应的培训和考核机制，驾驶员必须经过专业培训并取得合法执照。此外，环保方面也有相关规定，要求飞行器的运行不能对环境造成过度污染和噪声干扰。

这些政策规定旨在保障低空载人飞行器的安全运行，促进其有序发展，同时保护公众利益和公共安全。

（2）公司所处细分行业发展情况。

1）无人机定义。

无人机即空中机器人，能够替代人类完成空中作业，同时与成像设备等部件结合能够扩展应用场景。无人机价值在于替代人类完成空中作业，并且能够形成空中平台，结合其他部件扩展应用。

2）无人机应用领域。

无人机的设计概念最早应用于军工领域。由于军工设备具有较强的技术保密和行业垄断性质，民营企业和资本很难获得准入。随着世界范围内军民融合战略的实施和推进，近几年无人机技术在民用领域的应用获得长足发展。根据无人机应用领域，可分为消费级无人机和工业级无人机。消费级无人机主要应用于个人航拍，工业级无人机广泛应用于农业植保、国土勘测、安防和电力巡检等领域。

3）无人机的分类。

无人机按机身构造主要分成固定翼、直升机、多旋翼三种。随着技术成熟，零配件成本降低，并且开发了航拍、电力巡检等应用场景，以多旋翼无人机为主的小型民用无人机市场成为热点。

4）无人机发展趋势：竞争加剧、产品分化、服务丰富。

无人机技术的成熟降低了行业门槛，使行业竞争加剧，产品出现分化，技术和产品的成熟也使应用和配套服务越发丰富。

民用无人机的应用现状如表6-1所示。

表 6-1 民用无人机的应用现状

应用领域及产品	细分用途	应用现状及预测	
消费级无人机	娱乐	自拍、竞技、旅游、社交等。国外比较成熟，国内市场尚在培育	
	非商用二次开发	个人在无人机程序开源代码的基础上，做一些研究	国内外市场均在发展成长中，国外相对成熟，国内应用未成规模
	商用二次开发	购买航拍飞机，用于土地、农业测量	
	商业航拍	广告、电影电视	
专业级无人机	农业	国外已是成熟市场，国内 2015 年的出货量是 1000 台左右，对政府补贴和项目的依赖较强，该应用是最先爆发的行业	
	电力	国外相对成熟，国内每年的市场价值在 10 亿元左右，电力应用在未来会呈现稳定增长	
	警用	国外应用已经成熟，国内应用需求不明确，还停留在成果展示阶段	
	其他	消防/救援无人机应用很明确，技术难度较大，目前主要以航拍为主，媒体是主要的用户	
		采矿、石油等行业的应用处于论证阶段，国外已初步使用，国内尚未起步。	

资料来源：根据相关资料整理。

2. 市场规模分析

随着技术的不断进步和应用场景的日益丰富，民用无人机在农业、测绘、影视拍摄、物流配送、应急救援等众多领域发挥着越来越重要的作用。相关数据显示，全球民用无人机市场规模持续扩大，年增长率保持在较高水平。在消费级无人机市场，由于其价格相对较低、操作简便，受到了广大消费者的喜爱，市场需求旺盛。而在工业级无人机市场，由于其能够为各行业提供高效、精准的服务，市场规模也在逐步扩大。预计未来几年，全球民用无人机市场规模将继续保持快速增长的趋势。随着技术的进一步成熟和成本的降低，无人机的应用范围将不断拓展，市场潜力巨大。

（1）国外市场情况。

从市场规模来看，2015 年，全球民用无人机市场规模为 36 亿美元，同比增长 33%（见图 6-2）。民用无人机销量已达 56.9 万架，其中，工业级无人机销量约为 17.1 万架，消费级无人机销量约为 39.8 万架。2017 年，我国民用无人机产量达到 290 万架，同比增长 67%。2019 年全球民用无人机销量达 393 万架，其中消费级民用无人机约为 300 万架，年均复合增长率为 60%，工业级民用无人机约为 93 万架，年均复合增长率为 45%。2018 年末，我国民用无人机市场规模达到 110.9 亿元，2020 年我国航拍无人机市场出货量达到 576 万台，市场规模达到 250 亿元。有数据说明，工业级无人机细分领域，政府采购占比 45%，消防占比 25%，农林牧渔占比 13%，能源勘探占比 10%，地质勘测占比 6%，商业广播及其他占比 1%。美国蒂尔集团认为，2024 年，全球民用无人机的市场份额将增加至 12%，达到 16 亿美元。预计 2025 年整个无人机市场规模将达到 700 多亿美元。

图 6-2　全球民用无人机市场规模

《通用航空产业发展白皮书（2022）》（以下简称《白皮书》）中显示，2021 年全球民用无人机市场规模超过 1600 亿元，同比增长 61.6%，其中工业级无人机占 60% 左右。随着下游应用领域的不断扩大，未来将继续保持增长，预计 2025 年将达到 5000 亿元。也有报告预测全球民用无人机市场在预测期间内将以 17.90% 的复合年增长率稳步增长，预计到 2029 年全球民用无人机市场总规模将会达到 2548.47 亿元。大数据跨境报告显示，无人机技术在传感器精度、续航能力、人工智能等方面取得显著进步，推动了消费级和商用无人机市场的扩张。中国无人机市场预计到 2029 年销量将达到 950 万台，年增长率为 4.10%（见图 6-4）。全球市场规模预计将从 2024 年的 35.28 亿美元增长至 2029 年的 67.64 亿美元。

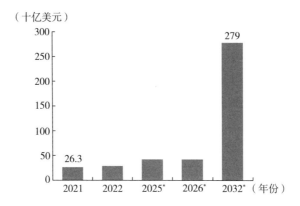

图 6-3　2021~2032 年全球无人机市场收入（含预测）

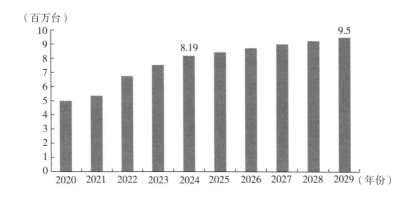

图 6-4　2020~2029 年全球无人机市场销量（含预测）

资料来源：Statista。

这一增长主要得益于无人机技术的不断进步和应用领域的扩大。随着下游应用领域的不断扩展，民用无人机市场将继续保持增长，预计到 2025 年工业级无人机市场规模占比将超过 80%。这一趋势反映了无人机在工业、农业、救援等多个领域的广泛应用，以及其在提高效率、降低成本方面的优势。

此外，国内无人机产业的发展也推动了全球民用无人机市场的增长。我国已成为全球最大的无人机市场之一，特别是在民用工业级无人机方面，国内企业已经取得了显著的成绩。

（2）国内市场情况。

2023 年，我国民用无人机市场规模达 1174.3 亿元。这一数据反映了我国民用无人机产业在制造、运营及服务收入方面的综合规模，显示了我国在全球民用无人机市场的领先地位。此外，预计到 2025 年，我国民用无人机产业规模将超过 2000 亿元，复合增速达 30.5%，这表明我国民用无人机产业在未来几年内将继续保持快速增长的态势。

我国民用无人机产业的发展得益于多个因素的推动。首先，我国在无人机研制企业数量、量产的无人机产品种类及民用无人机占据全球市场份额方面均处于世界领先水平。截至 2023 年底，我国民用无人机研制企业超过 2300 家，生产的无人机产品超过 1000 款，民用无人机占据全球 70% 的市场份额。这些数据不仅展示了我国无人机产业的规模和实力，也预示着未来市场增长的巨大潜力。此外，国家政策的支持也是推动民用无人机市场发展的重要因素。《国家综合立体交通网规划纲要》中明确提出，到 2035 年，国家支撑经济发展的商用和工业级无人机预期达到 2600 万架，无人机驾驶员增长到 63 万名。这一规划进一步推动了民用无人机市场的需求，为产业发展提供了广阔的空间。我国民用无人机市场规模在 2023 年达到了 1174.3 亿元，且预计未来将继续保持快速增长，成为低空经济的重要组成部分。这一市场的快速增长不仅得益于我国在全球市场中的领先地位和技术创新能力，也得益于国家政策的支持和市场需求的持续增长。

目前，我国无人机基本形成了配套齐全的研发制造、销售和服务体系，产品种类齐全、功能多样已具备了自主研发和设计低、中、高端无人机的能力，部分技术已达到国际先进水平，无人机产业已走上全面发展的道路。我国研制出的民用无人机可广泛用于防灾减灾、搜索营救、资源探测、森林防火、气象探测、环境保护等领域。无人机发展呈现出种类繁多、用途多样、军民各占半壁江山的特点。

民用小型无人机这一快速成长的市场，国内企业无论在技术还是销量上，都已经占据了绝对的主导地位。以大疆创新、零度智控、亿航科技、臻迪智能为代表的国内小型无人机企业飞速发展，规模远超国外企业。在该领域的突破主要依赖于我国在民用小型无人机硬件上的成本优势和技术上的先发优势。借助于国内完善的电子元器件供应链，国内无人机企业能够以较低的成本生产和销售产品。国内企业如大疆创新、零度智控等大多数发源于高校及军事院所，在技术上具有较多的储备，加上国内企业相关软件和算法技术的储备，企业获得了先发优势，在技术上领先国外企业（见表 6-2）。

表6-2 企业产业链结构布局

无人机研发	零部件制造系统开发	整机组装	无人机销售	售后服务	使用服务	应用服务
大疆创新	机翼	大疆创新	大疆创新	大疆创新	大疆创新	极飞
零度智控	一飞智控	零度智控	京东	零度智控	亿航	臻迪科技
亿航	追云	亿航	淘宝网	易瓦特	臻迪智能	云台映像
极飞	凌宇智控	极飞	宇辰	亿航	TTA	Skycatch
极翼	高通	极翼	智能鸟	智能鸟		DroneBase
易瓦特	DronePaloy	易瓦特	蓝天飞扬	致导科技		
3DR		3DR	ENJOY			
吴翔		吴翔				
		科比特				

（3）竞争格局分析。

1）民用无人机企业分析。近年来，中国迅速成长为无人机行业的制造和技术强国，无人机销量已经占据全球70%的市场份额。《白皮书》指出，据行业主管部门统计，2020年，我国民用无人机研制企业已超过1300家，其中民营企业占据绝大多数，销售额在1亿元以上的企业超过10家。截至2021年底，我国获得通用航空经营许可证的无人机通用航空企业超过1.2万家。在全球民用十大无人机企业排行榜中，我国无人机企业占有5个席位。2023年我国民用无人机市场规模如图6-5所示。

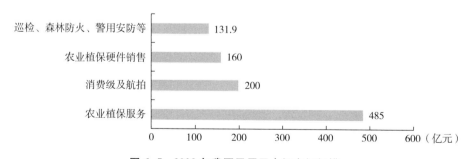

图6-5 2023年我国民用无人机市场规模

大疆创新、零度智控、亿航公司在产业链中的业务布局较为全面，在无人机的研发、整机组装、售后服务以及使用服务等领域均有部署。大多数无人机企业的销售渠道为京东、淘宝等第三方销售平台。而且随着无人机产品的成熟，应用领域拓宽，基于无人机的使用过程和应用将诞生新的服务需求和服务方式。应用服务领域多为数据采集服务、航拍服务、植保服务等；而无人机的使用服务一般用于社交、资讯、融资租赁等方面。全球民用十大无人机企业如表6-3所示。

表6-3　全球民用十大无人机企业

国内排名	公司名称	所在地区	全球排名
1	大疆创新公司	深圳	1
2	零度智控公司	北京	5
3	Xaircraft 公司	广州	7
4	PowerViroment 公司	北京	9
5	北京航空航天大学研究所	北京	10
6	亿航智能技术公司	广州	12
7	普洛特无人飞行器科技公司	北京	13
8	中科遥感信息科技公司	北京	14
9	智能鸟无人机公司	武汉	15
10	爱生技术集团公司	西安	16

无人机从最初少数航模爱好者的小众消费品，到目前火热培训市场的招牌，再到正式入主部分高校相关专业，航空类院校创办了无人机研究机构，社会组织开展了各类航拍、无人机设计、无人机竞技等比赛活动，无人机产业联盟、无人机系统标准协会等行业组织相继成立，各地兴起建设无人机文化小镇、无人机研发制造基地的热潮，应用无人机已成为社会风尚。而无人机所需要的碳纤维材料、特种塑料、锂电池、磁性材料等关键配件及材料，在深圳、成都等地产业配套齐备，我国拥有无人机发展所需的全产业链，可以实现对无人机系统的产品供应链的全部自给。国内无人机厂商借助完善的电子元器件供应链与庞大供应商系统的支撑，以较低的成本生产和销售产品，凭借强大的性价比优势在海外市场抢占市场。

2）公司的行业地位。亿航公司目前在载人领域及商用表演领域均处于行业领先地位，2018年9月18日，2018第十二届夏季达沃斯论坛新领军者年会在天津举行，中国领先的专业投资与科技媒体与大数据公司发布了关于中国人工智能行业的突破性研究"中国AI50强（China AI Top 50）"榜单。作为全球民用无人机行业中智能科技与创新应用的领军者，该公司入选上榜。

第十二届中国国际航空航天博览会，该公司荣获"中国民用无人机综合实力奖""中国无人机行业创新奖"两项大奖。

3）公司的竞争优势。工业级无人机领域遥遥领先。亿航公司已经从现有的消费级无人机，扩展到工业级无人机。还成立了"行业应用中心"，在全国找到了十几家不同行业的合作单位，包括水务局、林业局、消防部门等，使无人机可以应用到农林业、地理测绘、应急救灾、侦查监控、物流快递等领域。

全球首家研发可载人无人机的公司。目前，在自动驾驶飞行器领域，亿航公司的表现尤为突出。由该公司独立自主研发制造的 Ehang 184AAV，是全球第一款可载客的自动驾驶低空飞行器，专门为人类提供中短途交通运输解决方案。

商用表演行业国内领先。编队飞行已经是亿航公司的招牌之一，不断地刷新着纪录。无人机编队创国内第一并屡次刷新吉尼斯世界纪录，亿航公司从创建之初，获得了真格基金、东方富海、GGV 等多家投资机构连续数轮跟投。

4）公司的竞争劣势。商业化落地仍需时间。虽然亿航公司在商业化无人机领域处于领先地位，但无人机商业化真正成熟仍需要一定的时间。在未来可预期的时间里，商业化都是无人机发展的重中之重，而亿航公司已经提前在该领域进行扩展和拓展，一旦商业化彻底成熟，亿航公司将获得十分有利的地位。

（4）企业发展战略方面。

凭借持续不断的科技与产品创新、智能互联的创新思维、用户体验至上的服务宗旨，亿航公司已成为全球民用无人机领域中，智能软件操控、手机体感操控、无人机自动化编队、空中立体交通等诸多创新理念的先行者和倡导者，并始终致力于实现"让人类像鸟儿一样自由飞翔"的企业使命，让飞行科技普惠智慧城市的美好生活，成为全世界最有影响力的智能飞行器企业。

第二节　无人机项目估值分析

一、投资的可行性分析

1. 技术方面的可行性

亿航公司无人机的所有系统都由公司 100% 自主研发，充分体现了其科研能力。全套控制系统及自动导航系统、电器系统，包括电源系统、电池管理系统、空调系统、飞机结构设计（Structural Design），以及工业造型设计等均由亿航公司自主研发。全复合材料机身，从开模到制造，完全由亿航公司复合材料制造部门独立完成，以及动力测试涵道及各种测试系统，也都是亿航公司独立研发制造。

2. 经济方面的可行性

2019 年亿航公司已度过研发高峰期，进入利润高速增长期，从天使轮到 C 轮融资，众多知名资本参与，融资顺利，资金充沛。2018 年 9 月 4 日，全国领先的新经济行业数据挖掘和分析机构 iiMediaResearch（艾媒咨询）发布的《2018 中国华南新经济行业（准）独角兽榜单》中，亿航入选。入选工信部最具投资价值和最具发展潜力全国 50 强企业榜单。

3. 亿航的产品分析

亿航的产品阶段可追溯至 2013 年，截至目前消费机已开发到第三代，亿航产品如下所述。

2016 年 1 月，亿航在全球发布了可载人无人机，型号为"Ehang 184AAV"。

亿航 216 是一款（双座版）电动载人级自动驾驶飞行器，采用全备份动力冗余安全性设计以及 8 轴 16 桨的分布式电力推进系统。这款安全、环保、智能的低空载人级自动驾驶飞行器，能够为未来的智慧交通提供低空中短途交通运输解决方案。相较于传统的有人驾驶飞行器，亿航自动驾驶飞行器秉承了三大设计理念，即全备份安全设计、自动驾驶、智能指挥调度中心集群管理。

2021 年 5 月推出电动载人级自动驾驶飞行器"VT-30"。这是公司产品系列中首款专为城际间空中交通设计的机型。VT-30 采用复合翼结构，设计航程可达到 300 千米，设计续航时间可达 100 分钟，将为城际交通提供安全、便捷、高效、环保、智能的空中交通解决方案。

亿航 216L（物流版）。2020 年 9 月发布，旗舰亿航 216 的物流版机型，是一款应用于城市和偏远地区中短途空中物流的自动驾驶飞行器。亿航 216（物流版）载荷达 200 千克，可以满足中短途空中物流对大载重机型的需求。

亿航 216F（消防版）。2020 年 7 月，亿航智能推出全球首个大载荷智能空中消防应急解决方案。基于旗舰产品载人级自动驾驶飞行器（AAV），亿航智能发布了专门应用于高层建筑消防灭火的亿航 216（消防版），为破解高层建筑消防难题提供新思路，并通过了中国国家消防装备质量监督检验中心的技术检验。

非载人级自动驾驶飞行器。亿航智能非载人级小中型多旋翼自动驾驶飞行器包括天鹰 B、GD 2.0X 和 V100，服务于各类行业应用，如智慧城市管理和空中媒体解决方案。

生产基地。亿航位于我国云浮市的自动驾驶飞行器新生产基地于 2021 年 6 月底投入运营。新生产基地体现了公司产能的进一步扩大升级。亿航智能云浮生产基地总建筑面积约 24000 平方米，覆盖了自动驾驶飞行器的主要生产流程，从核心组件以及碳纤维复合材料机身的生产加工，到自动驾驶飞行器的整机组装以及飞行测试等各类特定的生产区域与环节。

二、上市前亿航融资与财报概述

VIE 架构：亿航共获得三次融资，包括：2014 年 6 月种子轮，乐博资本、PreAngel 和真格等投资 203 万美元，2014 年 12 月的 A 轮融资，GGV 和公司高管投资 815 万美元，2015 年 8 月的 B 轮融资，金浦投资、GGV、青云资本、东方富海和公司高管等投资 4416 万美元，三轮融资共获得融资额 5434 万美元。

亿航 2019 年计划在境外上市，并于 2015 年搭建了 VIE 架构，如图 6-6 所示。

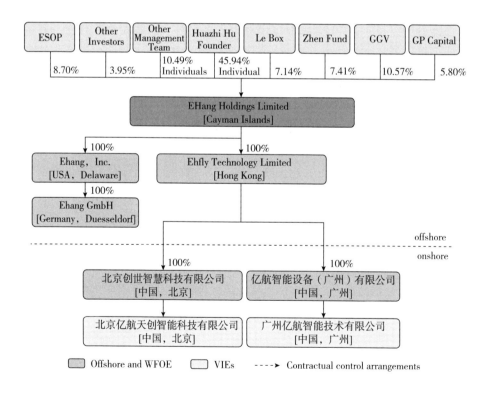

图 6-6　亿航的股权架构

（1）亿航合并损益状况，如表6-4所示。营业收入：亿航的生产经营主体为广州亿航，由于广州亿航成立于2014年底，整体VIE结构于2015年度搭建，2014年度仅为零星收入。2015年度收入的增加为消费机的销售，全年销量6167架，其中11~12月合计销售2224台。2016年1~3月的销量为1281台，依然为消费机的销售。2015年度消费机的销售平均单价为3032元，2016年1~3月的销售平均单价为3308元。2015年度的内销、外销收入比例分别为39%和61%（管理层数据重分类后），2016年1~3月为56%和44%。

营业成本：主要包括材料成本、人工成本、物料消耗等。管理层解释其中材料成本占比约90%、人工成本占比约10%。基于2015年度和2016年1~3月的财务数据，料工费比例分别约为91%、7%和2%。

毛利及毛利率：2015年度和2016年1~3月的消费机毛利率分别约为33%和39%，由于GHOSTDRONE2.0的销售单价和单位成本均有不同程度的下降，且单价下降幅度小于单位成本。管理层解释，尽管消费机的售价会呈现逐渐下降的趋势，但是随着自动化生产线的引进使人工等成本大幅降低，消费机的毛利率不会出现大幅下降的情况。

销售费用：主要包括人工成本、展览费、推广费等，2015年度占销售费用比重分别为18%、8%、0，2016年1~3月占比分别为31%、26%、17%。

管理费用：主要包括人工成本、研发成本等，2015年度占管理费用的比重分别为24%和40%，2016年1~3月占比分别为22%和41%。研发成本中主要包括人工成本和研发项目的物料消耗、设计、测试费等。

EBIT和扣除非经常损益的EBIT：上市前，亿航以往各年度的销售收入较小，无法覆盖各公司日常生产经营的成本及费用开支，因此为息税前亏损。2015年度广州亿航获得政府给予的办公楼租金补贴、项目专利开发等补贴，共计75万元。在扣除该补贴等非经常性损益后，亿航的生产经营所造成亏损率有所增加。

净利润和净利润率：亿航以往各年度为净亏损，其中2015年度净亏损率为230%，较其他年度高是由于管理层以在可预见的未来能使公司扭亏为盈的假设前提下，将2015年度和2014年度产生的亏损确认为递延所得税资产307万元所致。

表6-4　亿航合并后的损益表

单位：万元

	2014年度简单加总	2014年度合并合计	2014年度合并后	2015年度简单加总	2015年度合并合计	2015年度合并后	2016年1~3月简单加总	2016年1~3月合并合计	2016年1~3月合并后
营业收入	40.45	—	40.45	4553.11	(2683.51)	1869.60	4406.79	(3983.09)	423.70
减：营业成本	(136.89)	—	(136.89)	(3481.86)	2094.92	(1386.94)	(3596.43)	3319.49	(276.95)
营业税金及附加	(0.07)	—	(0.07)	(1.00)	—	(1.00)	—	—	—
销售费用	(291.34)	—	(291.34)	(2288.96)	(797.74)	(3086.70)	(1101.30)	99.06	(1002.24)
管理费用	(457.58)	—	(457.58)	(3167.54)	1078.98	(2088.56)	(2174.33)	434.84	(1739.49)
财务费用	(0.20)	—	(0.20)	26.43	—	26.43	(1.25)	10.98	9.73
资产减值损失	—	—	—	—	—	—	—	—	—
汇兑损失	—	—	—	—	—	—	—	—	—
加：投资收益	—	—	—	—	—	—	—	—	—
营业利润/（亏损）	(845.63)	—	(845.63)	(4359.82)	(307.35)	(4667.17)	(2466.52)	(118.73)	(2585.25)
加：营业外收入	0.11	—	0.11	75.02	—	75.02	5.44	—	5.44
减：营业外支出	—	—	—	(1.04)	—	(1.04)	(2.01)	—	(2.01)
利润总额/（亏损）	(845.52)	—	(845.52)	(4285.84)	(307.35)	(4593.19)	(2463.08)	(118.73)	(2581.81)
减：所得税	(0.63)	—	(0.63)	299.32	—	299.32	(6.90)	—	(6.90)
净利润/（净亏损）	(846.15)	—	(846.15)	(3986.52)	(307.35)	(4293.87)	(2469.98)	(118.73)	(2588.71)

资料来源：基于管理层信息基础上的分析。

（2）表6-5为亿航资产负债状况。

表6-5 合并后的亿航财务状况概述 　　　　　单位：万元

	2014年12月31日	2015年12月31日	2016年3月31日
	调整及合并后	调整及合并后	调整及合并后
货币资金	77.43	21513.40	16841.10
应收账款	0.55	150.44	374.37
存货	250.35	2417.12	6295.60
净营运资金	（1009.20）	25444.92	23294.22
流动比率	34%	3244%	1594%
速动比率	18%	2945%	1190%
固定资产及其他长期资产	163.05	1456.88	1674.38
总资产	681.15	27711.19	26527.66
应付账款	32.71	601.12	1891.45
负债总计	1527.30	809.40	1559.06
资产负债率	224%	3%	6%
净资产	（846.15）	26901.80	24968.60

资料来源：基于管理层信息基础上的分析。

应收账款：亿航的年度销售收入较少，2015年度1870万元，2016年1~3月424万元，因此对应的应收账款余额较少，截至2016年3月底的应收账款主要为应收深圳市奇鼎实业238万元和应收深圳市宝通志远科技71万元。

存货：截至2016年3月底的余额主要包括原材料1588万元，产成品3352万元，半成品1312万元。

净营运资金、流动比率及速动比率：2015年度和2016年1~3月，亿航的货币资金较为充裕，资金来源主要为A轮、B轮等历次融资款。亿航的固定资产、装修费用等资本性投入尚不重大，融资款主要用于购买原材料、支付人工成本、房租及展会等期间费用，于2015年底和2016年3月底结存大量资金。截至2016年3月底的净营运资金为23294.22万元，流动比例及速动比例较高，分别为1594%和1190%。

固定资产及其他长期资产净值：截至2016年3月底的余额中主要包括电脑等办公设备净值390万元、未摊销完的装修费净值783万元，递延所得税资产

307 万元。

应付账款：截至 2016 年 3 月底的余额中主要包括亿航设备账面应付设备供应商款项 1024 万元、广州亿航应付深圳市创欣科电子 195 万元和应付惠州市赛能电池 165 万元。

资产负债率：亿航各公司没有银行贷款，且除应付生产运营的款项外，没有其他重大负债，因此截至 2016 年 3 月底的资产负债率仅为 6%。

净资产：截至 2016 年 3 月底的净资产中主要包括实收资本 32019 万元，外币折算差额 820 万元，累计亏损 7766 万元。

（3）表 6-6 为合并后亿航的现金流量表概述：

表 6-6　合并后亿航现金流量表概述　　　　　　　单位：万元

	2014 年度合并后	2015 年度合并后	2016 年 1~3 月合并后	累计合并后
经营活动现金净流量	（1206.75）	（8436.08）	（5014.79）	（14657.62）
投资活动现金净流量	（163.43）	（1100.14）	（313.02）	（1576.58）
筹资活动现金净流量	1447.61	30972.18	655.51	33075.30
	77.43	21435.96	（4672.30）	16841.10

资料来源：基于管理层信息基础上的分析。

1）现金流量概述：①经营活动现金净流量：尽管亿航的产品及研发产品包括消费机、行业机（商业机）和可载人无人机（Ehang 184），但行业机和可载人无人机尚未实现商业化，因此亿航的销售收入来源于消费机的销售。由于销售收入产生的现金不足以满足生产运营的现金支出，经营活动现金流为净现金流出。②投资活动现金净流量：亿航于 2015 年底搬入新办公楼，发生了大量的装修费支出，并购置了生产设备、测试设备、电脑等办公设备。③筹资活动现金净流量：为吸收投资所收到的 A 轮、B 轮融资款。

2）现金净流量：亿航的融资款集中于 2015 年度获得，尽管各年度经营活动现金流为净现金流出，且于 2015 年度和 2016 年 1~3 月有固定资产、装修费等资本性支出，但截至目前，亿航的生产经营规模较小，各年度/期间的现金支出尚未超过融资额，因此累计现金净流量仍体现为现金净流入。

表 6-7 为上市前对 2016~2018 年度盈利预测。

管理层预估自 2016 年度起，销售收入将呈爆发性增长，2016 年全年预计可实现销售收入 7.47 亿元，2017 年度和 2018 年度的销售收入增长率分别为 299%

和221%，金额分别达到 22.32 亿元和 49.35 亿元。2016 年度的税后净利润预计为 2621 万元，2017 年度和 2018 年度的净利润增长率分别达到 1318% 和 304%，金额分别可达到 3.45 亿元和 10.51 亿元。管理层的 2016~2018 年盈利预测，主要基于以下假设条件：

a. 消费机：管理层基于美国、欧洲、中国、中东等各地区分销商与亿航已签署或正在洽谈中的销售意向及协议，估算 2016 年度的消费机销量约为 20 万架，2017 年度和 2018 年度的收入分别是 2016 年度收入的 250% 和 200%。

b. 商业机（行业机）：包括大型商业机 BAT 和消费机的深度定制，管理层预估 2016 年度商业机的销售额约为 5000 万元，2017 年度和 2018 年度的收入分别是上一年收入的 100%。

c. STG（可载人无人机"Ehang 184"）：管理层预估 STG 于 2017 年度实现销售，在 2017 年度和 2018 年度分别可达到 300 架和 1000 架的销售量。管理层透露，目前已有一家国外上市公司洽谈并签署了未来 10 年购买 1000 架 Ehang 184 的意向书，用于医疗方面的运输。由于可载人无人机未来可能会替代直升机，且其可载重量将逐步提升，若达到完全商业化不仅需要地面调度中心等基础设施的建立，同时还需要取得适航证、执照等相关飞行资质，以及中国民航局等政府相关部门的政策规范及支持。因此其未来商业化及盈利的可能性需要公司谨慎评估。

表 6-7　上市前对 2016~2018 年度盈利预测　　　　单位：万元

	2016 年 1~3 月实际	2016 年度预测	2017 年度预测	2018 年度预测	17Vs16 增长率（%）	18Vs17 增长率（%）
主营业务收入	423.70	74740.46	223208.64	493494.56	299	221
消费机	423.70	69692.94	154613.61	278304.51	222	180
商业机	—	5047.51	10095.03	20190.06	200	200
STG（Ehang 184）	—	—	58500.00	195000.00	—	333
主营业务成本	(276.95)	(56045.52)	(143495.41)	(288557.83)	256	201
毛利	146.75	18694.94	79713.24	204936.73	426	257
毛利率	35%	25%	36%	42%	143	116
销售费用	(1002.24)	(9429.97)	(23638.53)	(50005.34)	251	212
管理费用	(1018.65)	(3181.65)	(6679.22)	(12242.42)	210	183
研发费用	(720.84)	(2906.64)	(7519.94)	(15252.80)	259	203

续表

	2016年1~3月实际	2016年度预测	2017年度预测	2018年度预测	17Vs16增长率（%）	18Vs17增长率（%）
营业利润	(2741.73) (2594.98)	(15518.25) 3176.69	(37837.69) 41875.55	(77500.56) 127436.17	244 1318	205 304
营业利润率	−612%	4%	19%	26%	441	138
非经营性损益等	13.17					
企业所得税	(6.90)	(555.92)	(7328.22)	(22301.33)	1318	304
税后净利润	(2588.71)	2620.77	34547.33	105134.84	1318	304
净利润率	−611%	4%	15%	21%	441	138
收入占比	100%	100%	100%	100%		
消费机	100%	93%	69%	56%	74	81
商业机	0	7%	5%	4%	67	90
STG（Ehang 184）	0	0	26%	40%		151
销量（架数）						
消费机	1281.00	200000.00	500000.00	1000000.00	250	200
商业机						
STG（Ehang 184）			300.00	1000.00		333
销售单价（元/架）						
消费机	3307.55	3484.65	3092.27	2783.05	89	90
商业机						
STG（Ehang 184）			1950000.00	1950000.00		100

资料来源：基于管理层信息基础上的分析。

（4）亿航的业务概述。

亿航智能公司作为一家在智能飞行器领域具有重要影响力的企业，其产品的构成和研发具有显著的特点和创新之处。亿航智能公司的产品构成丰富多样，其研发工作富有创新性和前瞻性，为智能飞行器领域的发展作出了重要贡献。截至目前，亿航的产品及研发中产品的构成如下所述：

1）消费机：主要为 GHOSTDRONE，已于 2015 年 11 月发布 2.0 版，并于 2016 年 4 月升级换代，目前仍为第二代。该消费机的载重量为 1 千克，续航能力 30 分钟，该产品主要特点包括：

a. 操控便捷，直接通过手机 App 操控，同时也可以通过手柄操控，营造简

单且易于操控的客户体验;

  b. 安全稳定的飞行操控系统及简单稳定的航拍功能;

  c. 支持多点飞行,支点飞行,可通过手机联网直接显示地图;

  d. 内装两套操控系统,在其中一套出现故障时,另一套可及时替代使用;

  e. 面对的客户群体更广泛,更大众化。

  2)商业机(行业机):主要包括 Bat 和 Roast Duck 两款产品。BAT 已基本成形,其可载重量为 15 千克,续航时间为 20 分钟。

  Roast Duck X.0 的设计更流线化,可载重量为 10~50 千克,续航时间为 45~60 分钟。亿航管理层认为,商业机的市场预期更大,可广泛应用于农业、电力巡线、物流、空中监控、救火救灾、管线巡控等领域,亿航目前正在针对商业机的销售与潜在客户商谈。

  3)可载人无人机:目前正在研发的型号为"Ehang 184 AAV",为世界上第一架低空自动飞行交通工具,可用于短途运输,载重量为 100 千克,飞行速度每小时 100 千米,续航时间约 23 分钟。已于 2019 年 1 月在美国发布,商业化预计可待。

  原材料采购及产品生产,主要生产流程如图 6-7 所示:

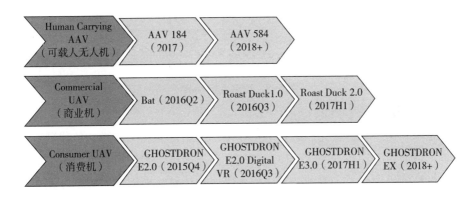

图 6-7　主要生产流程

  一是原材料采购:经与管理层了解,亿航无人机的零配件主要从外部采购或由外协加工厂生产,其中电子元件主要通过国内一级代理商从日本、美国等采购,其他供应商主要集中在我国珠三角地区。

  二是现有生产状况:亿航目前的生产经营在其位于广州高新技术产业开发区科学城的新办公大楼内,其中 1~2 层为生产车间、3 层为仓库、4~5 层为办公区。亿航自己的生产以系统装配为主，为人工组装，现有三条生产线，用于组装飞行器、VR眼镜、云台等的组装及测试如图6-8所示。月产能可达到消费机月总装量3万架。

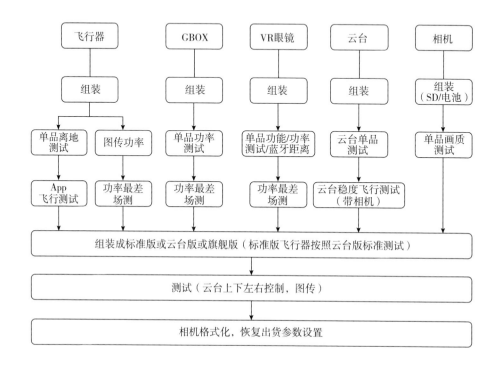

图6-8　现有生产状况

三是未来生产线自动化：管理层正在考虑引进自动化生产线，替代现有的人工组装，目前正与设备的潜在供应商洽谈，尚未最终定案。截至目前，亿航生产工人的人数约为200人，管理层预计生产线自动化后，生产工人数量及相应的人工成本将大幅降低，月产能可达到月总装量5万架。自动化生产线主要应用于飞控/电源板/机头灯板锁付、线材焊接与理线、ABB Robot、电机组装等工序。

亿航目前采取的销售模式主要分为以下三类，国内、国外的销售流程如图6-9所示：

A.线上线下相结合：

a.线上：国内以官网、京东、天猫、亚马逊等为主，招募线上代理、合作人员开展；国外创建跨境电商合作体系，美国、欧洲、亚太等各地团队拓展当地亚马逊等海外电商。

b. 线下：国内以大代理、门店代理、项目代理形成代理体系，分别承担提货、铺货、纵深拓展的任务；国外以大代理为主，在零售、电子消费领域、无人机领域与行业头领合作。

B. 体验营销与媒体导流相结合：

a. 体验营销：通过主题粉丝活动营造全球粉丝的体验科目，激发购买；带动各渠道商在各地自发组织现场活动，发挥亿航无人机体验的优势。

b. 媒体导流：通过全球性的 PR 活动包括但不限于参加知名展会、大型 Event 制造合作机遇，全球知名的新闻界、科学界、时尚界等都有导流的报道。

C. 门店销售与驻点维修相结合：

a. 门店销售：国内引入专营店合作伙伴打造各地旗舰店，引入大型门店商打造亿航专柜，将无人机铺向全国；国外通过与美国、欧洲本地较大的零售商合作，将产品导入销售。

b. 驻点维修：国内、国外均引入具备维修能力的合作伙伴，打造以亿航自有维修队伍为主体、合作伙伴维修为枝叶的完善的维修服务体系。

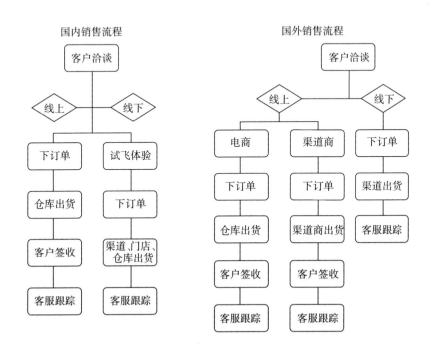

图 6-9　国内及国外销售流程

第三节　亿航智能数据分析与预测

一、亿航关于 2019 年上市前的盈利预测

表 6-8 为合并后的亿航损益表及管理层的 2017~2021 年度盈利。管理层预估自 2016 年度起，销售收入将呈现爆发性增长，2016 年全年预计可实现销售收入 7.47 亿元，2017 年度和 2018 年度的增长率分别为 299% 和 221%，金额分别达到 22.32 亿元和 49.35 亿元。2016 年度的税后净利润预计为 2621 万元，2017 年度和 2018 年度的净利润增长率分别达到 1318% 和 304%，金额分别可达到 3.45 亿元和 10.51 亿元。管理层的 2016~2018 年度盈利预测，主要基于如下假设条件：2017 年和 2018 年，亿航营业收入分别为 3170 万元和 6649 万元人民币，同比增长 109.877%；净亏损则分别为 8658 万元和 8046 万元，同比降低 7.1%。2019 年前 9 个月，亿航营收 6713 万元，较 2018 年同期的 5600 万元增加 19.9%；净亏损则为 4784 万元，较 2018 年同期的 4972 万元几乎持平。

表 6-8　亿航 2017~2021 年度盈利（及上市前的盈利预测）

亿航	2021 年	2020 年	2019 年	2018 年	2017 年
营业收入（万元人民币）	5681	1.801	1.218	6649	3170
收入增长（%）	-68.46	47.84	83.21	109.77	—

二、模型选定与估值分析

1. 估价模型选择为市销率法

根据 2018 年可比公司的 PS，大疆创新 150 亿美元市值，2018 年的营业收入是 175.7 亿元人民币，PS 为 0.85。蔚来汽车 78.8 亿美元市值，2018 年的营业收入是 49.512 亿元人民币，PS 为 1.59，零度智控 PS 为 0.79，行业均值在 1~2。亿航公司 2018 年营业收入为 0.67 亿元人民币，因此其估值在 0.7 亿~1.4 亿美元（见表 6-9）。

表 6-9　可比性公司的 PS 分析

	大疆创新	蔚来汽车	零度智控	亿航公司
公司简介	全球领先的无人飞行器研发生产商，客户遍布全球 100 多个国家，被《快公司》评为十大消费类电子产品创新型公司，专利申请超过 1500 件，获得专利授权 400 多件	已在伦敦、上海等 13 地设立了研发生产机构，会聚数千名世界顶级人才，2016 年发布了全球最快电动汽车 EP9，2018 年 9 月在美国纽交所成功上市	智能飞行器产品和智能无人机整体解决方案供应商。以固定翼核心控制系统起步后扩展至多旋翼无人机领域，技术池已覆盖飞控、云台、高清图传、CV、双目、稳像等无人机关键领域	全球领先的智能飞行器科技公司，在美国、德国、中国多地设有分公司，被《快公司》评选为"全球最佳创新公司"
估值/市值	150 亿美元	78.8 亿美元	60 亿美元	? 亿美元（求解）
营业收入	175.7 亿元人民币	49.512 亿元人民币	76 亿元人民币	0.67 亿元人民币
PS	0.85	1.59	0.79	1.07

市销率的优点主要有：①它不会出现负值，对亏损企业和资不抵债的企业，也可以计算出一个有意义的价值乘数；②它比较稳定、可靠，不容易被操纵；③收入乘数对价格政策和企业战略变化敏感，可以反映这种变化的后果。

市销率的缺点主要是：①不能反映成本的变化，而成本是影响企业现金流量和价值的重要因素之一；②只能用于同行业对比，不同行业的市销率对比没有意义；③上市公司关联销售较多，该指标也不能剔除关联销售的影响。

对许多高新技术企业来说，业务迅速扩张的同时也在不断加大投入，导致利润大幅波动或持续亏损，市销率是一个很好用的指标。市销率估值法（PS 法）的优点是：①任何企业的销售收入这一指标都不可能为负值；②销售收入不受折旧、存货等会计政策的干扰，较为稳定；③市销率的比值相对稳定，波动较小，缺点则是：①当企业的成本不受控制时，仅仅依靠销售收入，很难准确评估出股票价格；②对一些营业收入增长很快但实际亏损严重的公司，这一事实易被忽视。该估值方法主要适用于尚未盈利或者资不抵债但市场份额占比较大的高新科技企业，不适用于营业收入亏损的企业。

2. 市场法评估结果

评估基准日总资产账面价值为 105 万元，总负债账面价值为 94 万元；净资产账面价值 11 万元。据其公司提供的市场法评估后的股东全部权益价值为 13200 万元，增值额 13188 万元。

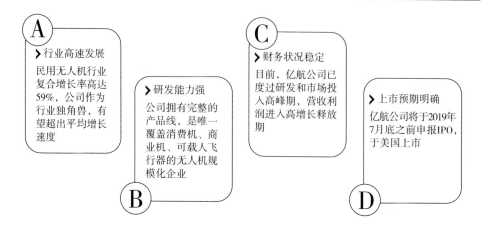

图 6-10　产品亮点

3. 评估结论

市销率评估后的股东全部权益价值为 0.7 亿~1.4 亿美元，当年汇率取 6.86，公司价值则在 4.8 亿~9.6 亿元，市场法评估后的股东全部权益价值为 13200 万元，两者相差 3600 万~4800 万元，取均值 4200 万元，差异率为 13200-7200=83%。

三、低空经济产业展望以及亿航智能发展预期

2024 年 7 月，上海、深圳相继召开低空经济产业高质量发展相关会议，提出一系列量化目标。上海将重点支持 10 家以上电动垂直起降航空器、工业级无人机和新能源通航飞机研发制造领军企业落地发展，培育 20 家左右运营服务领军企业，集聚 100 家以上关键配套企业，打造 30 个以上标志性产品，实现"100+"低空飞行服务应用，建成全国低空经济产业综合示范引领区，核心产业规模达到 500 亿元以上。

深圳则提出到 2025 年底，将建成 1000 个以上低空飞行器起降平台，实现低空飞行服务保障达到国际先进水平。此外，还提出多个低空经济发展目标，包括力争到 2025 年，全市开放无人机适飞空域占比突破 75%，低空商业航线总数突破 1000 条等。

2024 年 8 月 3 日，国务院发布，《国务院关于促进服务消费高质量发展的意见》（以下简称《意见》）。《意见》在旅游消费领域提出，推进商旅文体健融合发展，提升项目体验性、互动性，推出多种类型特色旅游产品，鼓励邮轮游艇、房车露营、低空飞行等新业态发展。产业端进展利好不断，低空经济要真正激活，飞行器是基石。而在无人机领域，我国相关产业链已经很成熟，特别是 eVTOL（电动垂直起降飞行器）进展迅速。7 月 22 日，亿航智能控股有限公司宣布，中国民航局于近日正式受理其旗下专门从事 UAM 运营服务的全资子公司递交的民用无人驾驶载人航空器运营合格证（Air Operator Certificate，AOC 或 OC）申请，预示着全球首个针对载人 eVTOL 的运营标准体系即将确立。

在这样比较有利的行业发展背景下，未来五年，亿航智能公司也有望展现出令人瞩目的市场价值增长态势（见表6-10）。

表 6-10　亿航智能公司市场价值未来五年展望的相关数据

年份	预计市场价值（亿元）	年增长率（％）	主要影响因素
2024	50	25	新的载人飞行器型号获得认证，开始批量交付；在几个主要城市开展试点运营项目
2025	65	30	物流配送飞行器市场份额扩大，与多家大型电商和物流企业达成合作；技术研发取得重大突破，降低飞行器成本
2026	85	30.77	城市空中交通法规进一步完善，公司产品在更多城市获得运营许可；国际市场拓展取得显著成效，出口订单增加
2027	110	29.41	产品线不断丰富，推出针对不同应用场景的定制化飞行器；与能源企业合作，提升飞行器的续航能力
2028	145	31.82	成为全球领先的城市空中交通解决方案提供商，市场份额持续领先；参与制定行业标准，提升品牌影响力

需要注意的是，以上数据仅为示例，实际的市场价值受到众多复杂因素的影响，包括市场竞争、技术发展、政策变化、经济形势等。

第七章 人工智能项目估值分析

第一节 人工智能项目估值概述

一、人工智能行业发展方向与估值现状

人工智能主要指通过机器和系统模拟人类的智力活动。包括学习（获取信息和信息的使用规则）、推理（使用规则来得出大致或明确的结论）和自我纠正。人工智能的特定应用包括专家系统、语音识别和机器视觉等。2012 年以后，由于数据量的上涨、计算力的提升和深度学习的出现，人工智能进入爆发期。与此同时，神经网络、智能芯片的深入发展也使人工智能如虎添翼，新的应用和产品不断出现，人工智能领域开始加速商业化，越来越广泛地来到人们身边。

鉴于人工智能在各个领域的巨大价值，各国均对其给予了高度重视。例如，2016 年 5 月 3 日，美国政府宣布由美国科学技术委员会下设机器学习和人工智能分委员会，以帮助协调联邦政府在人工智能领域的事务。2016 年 6 月 15 日，该分委员会指示美国网络信息技术研究开发分委员会（NITRD）制定了《国家人工智能研究与发展战略计划》，并随即成立了 NITRD 人工智能工作组，以确定美国在人工智能领域的研发重点，尤其是将重点放在了产业界不太愿意进入的领域。

我国政府同样高度重视，我国人工智能的国家战略体现出时间短、政策密、全覆盖的特点。分别于 2016 年和 2017 年发布了《互联网+人工智能三年行动实施方案》及《新一代人工智能发展规划》，提出了我国在人工智能理论、技术和

应用方面的愿景与目标。2017 年 11 月，科技部公布了人工智能领域的首批平台企业，提出依托百度、阿里云、腾讯（BAT）和科大讯飞分别建设自动驾驶、城市大脑、医疗影像和智能语音四大平台。在产业层面，国内的行业巨头争相进行人工智能领域的投资布局，一些初创企业也纷纷选择人工智能作为自己的突破方向。

在上市方面，党的十九大报告提出"要加快工业互联网、大数据、云计算、人工智能、软件和集成电路、高端装备制造、生物科技、新能源等领域 IPO 审批，积极开辟绿色通道，加快相关行业融资上市"。从国策规划上看，习近平强调，人工智能是新一轮科技革命和产业变革的重要驱动力量，加快发展人工智能是事关我国能否抓住新一轮科技革命和产业变革机遇的战略问题。要深刻认识加快发展人工智能的重大意义，加强领导，做好规划，明确任务，夯实基础，促进其同经济社会发展深度融合，推动我国人工智能健康发展。我国 A 股市场的人工智能板块有百余家上市公司，在政策利好以及新闻热点的刺激下，该板块吸引了大量的投资者与投机者，热点公司的股价也大幅攀升。

然而，就实际基本情况而言，大部分人工智能公司刚刚起步，未来的风险巨大。股价走势上，人工智能公司的估值明显较高，泡沫非常明显。从资本市场的常用技术指标来看：目前国外成熟股市的市盈率大约为 10~30 倍；在我国 A 股市场，比如 2018 年 12 月 31 日，沪深 300 指数的整体市盈率（TTM）为 10.23 倍，同日 Wind 人工智能板块的整体市盈率（TTM）则高达 53 倍。再参考该板块国内上市公司的高换手率和高市净率，可以很容易地看出国内企业的股价缺乏业绩的有力支撑，投资者缺乏定力、理性不足，泡沫明显。

人工智能行业形势大好，资本市场反应热烈。在此情形下，正确评估人工智能行业上市公司的内在价值成为一个重要的课题。对投资者而言，要把握新兴行业的历史机遇，就必须对相关企业的内在价值进行合理评估，确定适宜的出价，从而获得合理的回报。对人工智能行业的上市公司而言，如果要接受外部的股权资本，必须对自身价值有个正确的判断，这样才能够做出公平合理的融资决策。作为一个新兴行业，人工智能行业刚刚起步，许多产品尚不成熟，距离商用仍需时日。此外，相关产品的初始研发投入巨大，风险性极高，未来的预期收益也无法评估。基于这些特点，在评估人工智能行业的企业时，应当采用较一般企业不同的评估方式。因此，针对人工智能上市公司的个别特点，采用适当的估值方法进行企业估值势在必行。

二、人工智能产业层面、阶段划分与估值模型的选择

按照生命周期理论，某一行业的发展周期一般可以分为幼稚期、成长期、成熟期和衰退期这四个阶段。总体而言，人工智能产业有着广阔的市场前景，但在技术路线上有着许多不确定因素，巨大的前期投资意味着很大的经营风险，一些初创企业往往处于亏损状态，行业竞争异常激烈。在一些较为成熟的应用领域，需求较大，市场增速较快，企业也在不断投资扩张，以升级产品或服务，从而更好地满足客户需求。

人工智能的主要研究领域包括认知智能、感知智能和计算智能。认知智能，指机器能够像人一样进行思考并行动，具体应用场景包括无人驾驶、智能客服、教育评测、辅助诊断等；感知智能，指机器能够对图像和语音进行识别，具体应用场景包括语音识别、图像识别等；计算智能，指机器能够像人一样对信息进行计算、存储和传递，具体应用场景包括模式识别、优化计算、经济预测、金融分析等。

从产业上下游的角度来看，如图 7-1 所示。人工智能产业包括基础层、技术层和应用层这几个层面。基础层承载着行业的基础性设施，是人工智能技术和应用的底层基石，具体包括人工智能芯片、传感器、大数据和网络运营商等，代表性企业包括芯片制造商、IT 巨头、运营商等。该层面壁垒很高，需要有巨大的资源和长期的积累。例如，芯片制造商需要进行大量的前期研发，而海量数据往往被科技巨头和运营商所拥有。

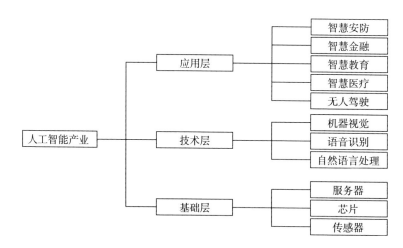

图 7-1　国内人工智能产业图谱

资料来源：艾瑞咨询，民生证券研究院。

技术层包括基础性研究和相关的服务，包括深度学习等算法和相关的专用技术（如语音识别、自然语言处理、图像识别等），代表企业包括国内外科技巨头和以四维图新为首的行业性领导企业。该层面需要长期的技术积累以形成相当的行业应用能力，资源投入上的要求则处于中等水平。

应用层是将人工智能技术应用到具体的行业，如教育、医疗、安防等；该层面的壁垒较低、初始投资小、回报见效快，是很多初创企业的切入点，因而此层面的竞争也较为激烈。

总体上看，人工智能行业目前处于行业幼稚期，未来前景广阔，但在产业链层次划分的不同层面上，基础层、技术层和应用层的竞争程度是不同的。估值模型也要按照这三个竞争层面不同，有所差异（见表7-1）。

表7-1　人工智能产业链层次划分

产业链分层	说明	竞争程度
应用层	无人驾驶、机器人、智能家居、可穿戴设备、智能医疗等	壁垒较低，初始投资小，回报见效快，竞争较为激烈
技术层	图像识别、语音识别、手势控制、专家系统、自然语言处理等	有一定壁垒，资源投入中等
基础层	芯片、传感器、网络数据、计算平台等	壁垒很高，资源投入大

当前能在科创板上市的人工智能公司可分为两类：一类侧重于技术研发（如人脸识别、语音识别）；另一类侧重于技术应用（智能机器人、广告智慧营销）。这些公司的技术或产品部分仍处于概念期，尚未有稳定的收入来源，因此 PE 和 PS 估值均无法适用。表7-2 为科创板潜在人工智能概念公司。

表7-2　科创板潜在人工智能概念公司

独角兽	参股或合作的上市公司	业务
光年无限	江南化工、奥飞娱乐	儿童机器人，虚拟智能问答
出门问问	歌尔股份	智能手表、智能耳机、智能音箱
康力优蓝	康力电梯、紫光股份	商用服务机器人、智能教育机器人
优必选	华金资本、科大讯飞、民生银行、工商银行	各类智能机器人
深兰科技	绿地控股、新华传媒	自动车系列，机器人系列

续表

独角兽	参股或合作的上市公司	业务
廊坊智通	赛象科技	自动化生产线
影谱科技	东方明珠、建设银行、东方证券、华泰证券、银河证券、粤传媒	广告植入，互联网文娱
悠易互通	粤传媒	广告营销设计
商汤科技	立昂股份、东方网力、东方证券、苏宁易购	人脸识别技术及解决方案
旷视科技	信雅达	人脸识别技术及解决方案
依图科技	神思电子、熙菱信息、绿地控股、长虹美菱、兴业证券	人脸识别技术及解决方案
云从科技	佳都科技、越秀金控	人脸识别技术及解决方案
云知声	双环传动、全志科技、全新好、三六〇	语音识别技术及解决方案

资料来源：民生证券研究院整理。

第二节　上市公司估值模型的选择

一、估值模型的选择困难

从以上对人工智能行业的分析，业内公司的价值评估具有以下特点：

（1）经营风险较高，对估值的影响较大。科技类企业的产品和服务通常基于新的科研成果，不确定性很高。研发投入大，投资周期长，产品和技术路线存在极大的变数，是这些企业的共同特点。即使是技术和产品相对成熟的领域，其商业模式仍有待明晰，竞争格局尚不确定，因而现金流也极不稳定。

（2）无形资产和研发能力是影响企业价值的重要因素。与所有的高新技术企业一样，无形资产在人工智能企业总资产中占有很大的比重，而且重要性远远高于货币和实物等资产。这是因为研发能力是科技型企业最重要的能力，决定着其未来的发展前景。然而，无形资产的估值定价难度极大，对新兴的人工智能行业尤其如此。科技发展日新月异，技术更迭永不止步，人们几乎无法准确预测科技企业的无形资产将来能创造多少收入。

（3）估值模型所需数据的可获得性欠佳。就传统的估值方法（相对估值法和绝对估值法）而言，人工智能行业均难以提供所需的适宜数据。

比如相对估值法。适用该方法的一个前提是有足够的可比公司，对新兴的人工智能行业而言，这一点显然难以满足。这不只是因为行业刚刚处于起步阶段，同类公司数量较少且可比数据较难获得，更是因为行业的技术路线存在很大的不确定性，会受到科技人员、研发条件等多种因素的影响。而人工智能行业涉及范围非常广泛，除了新成立的公司，大多数人工智能公司都是各行业公司在现有资源基础上的智能化拓展，所处的细分领域大多迥异。因此，人工智能公司在现阶段较难找到类似的可比公司，较难采用相对估值法进行估值。接着来看绝对估值法，适用该方法的一个前提是企业未来盈利可预测。但整体而言，人工智能行业还处在幼稚期，许多方面尚未成型，投资的风险性极大。因此，人工智能企业的未来营收情况仍较难预测。

主要的几种估值方法，其前提说明适用性并不好。结合人工智能类企业的特点，认为实物期权法适用于对经营风险较高的企业进行估值。以下拟采用实物期权法对人工智能行业的上市公司进行估值研究，同时以其他估值模型作为辅助，相互比较，从而进行更加准确的企业价值评估。

二、人工智能初建公司估值：经验分析法

对于人工智能初建公司的估值，经验分析法是一种可行的选择。经验分析法主要依赖于评估者在行业内积累的丰富经验和对市场的深刻理解。在评估公司价值时，评估者会综合考虑多个因素。首先，评估者会关注公司的核心技术团队，一支由顶尖专家组成，且具有丰富研发经验的技术团队，通常被视为公司未来成功的关键因素。其次，考察公司的技术创新性和独特性。在竞争激烈的人工智能领域，拥有独特且领先的技术，将大大增加公司的价值。最后，分析公司的市场定位和潜在市场规模。如果公司的产品或服务能够满足大规模且尚未被充分开发的市场需求，其估值会相应提高。此外，还会考虑公司已有的合作伙伴和潜在的商业合作机会。强大的合作伙伴关系能够为公司的发展提供有力支持，提升其估值。

比如种子期企业给到 500 万~1000 万元估值，天使轮企业给到 5000 万元的估值，此方法具有较大的主观性。所有估值的方法都是基于对未来的发展预期进行价值评估的，但初创型互联网公司未来经营情况变化大，仅通过静态的财务数

据对企业进行估值具有一定的滞后性，使用时往往造成对初创型互联网公司的估值精确度不高。在私募股权投资的工作过程中，如何对互联网企业进行合理的价值评估是投资价值分析的核心问题之一，这估值方式不同带来的估值结果的不同给投资工作带来了很大的挑战。而从未来市场的角度进行分析，基于企业的实际业务发展情况进行未来发展的预测，由于数据的实时性也能够持续修正未来发展的预期，这样的估值方法相对更具备参考价值①。例如当一个公司在上一轮估值1亿元，下一轮估值2亿元，那么这1亿元到2亿元，目标企业到底发生了哪些变化？为什么两轮估值会发生一倍的溢价？

每一个公司都是个性化的，没有统一的理论，也没有统一的模板。首先需要确定的是企业团队和它的核心技术。风险投资人不看目标公司到底有多少固定资产和净资产，只有等到后期到了 PE 阶段的时候，才去参考公司净资产和净资产收益率。早期阶段大部分的科创公司基本上就是看团队、看核心技术，其次看赛道、看这个行业的潜力，另外比较同行的核心技术，分析目标公司有没有替代目前的一些现有的技术。至于这个现有技术在市场当中给的市盈率是多少，实际操作中初创企业不会做评判。此时的市盈率只是参照，因为二级市场市盈率总会偏高。而且我国的二级资本市场比较混乱，市盈率不能够用来做参考。

初创期企业，投资团队一般都会去分析大量的公司，估值 1.5 亿元的公司会去看，估值 10 亿元的公司也会去看，没有统一的规定。其目的就是要判断其核心技术，看市场前景，看产品的利润率，这是综合的，没有模板的。很多科创企业，产品都没有做出来，更不会有利润率指标，投资人只看潜在产品的造价多少，生产成本大概是多少，以及现在目前市场能卖多少？公司有没有成本优势，以估算未来的利润率，然后再看这个市场空间有多大，看在这个市场里公司能占多少份额，这个市场未来的增长有多少，这些都是要考虑的综合因素。最开始的话不会谈估值，因为估值高了投资风险很大。

当然，经验分析法也存在一定的局限性，如主观性较强，可能受到评估者个人经验和判断的影响。但在缺乏充分数据和成熟市场参考的情况下，对人工智能初建公司的估值，经验分析法仍能提供有价值的参考。

---

① 无人机公司亿航智能登陆纳斯达克，上市首日市值 6.6 亿美元 ［EB/OL］. https：//baijiahao. baidu. com/s？id＝1652776373479223786&wfr＝spider&for＝pc.

第三节 人工智能人脸识别独角兽公司估值

一、人工智能人脸识别领域"四小龙"

图像识别、语音识别、手势控制、专家系统、自然语言处理等属于人工智能产业链层次划分中的技术层，在人脸识别领域，有四个独角兽公司被称为"四小龙"，即商汤科技、旷视科技、依图科技与云从科技。国内人脸识别因为数据丰富，发展得比国外更快，主要是为金融、安防等领域提供算法技术与解决方案。

AI 大时代各个领域一定会涌现新的巨头。2015 年，国家发展改革委、中央综治办、公安部等九部委下发《关于加强公共安全视频监控建设联网应用工作的若干意见》，提出到 2020 年基本实现"全域覆盖、全网共享、全时可用、全程可控"的公共安全视频监控建设联网应用，视频监控的清晰度和联网率得到快速发展，为智能升级奠定了较好的基础条件。需要说明的是，相比高清联网的"看到、看清"，智能升级的"看懂"对前端设备的部署位置、高度及角度等有着更苛刻的要求，现公安联网的数千万摄像头中的 80%～90% 仍然需要针对性的调整改造。

根据国家统计局发布的《国民经济行业分类》（GB/T 4754—2017），公司属于"信息传输、软件和信息技术服务业"中的"软件和信息技术服务业"。根据中国证监会《上市公司行业分类指引》（2012 年修订），公司属于"信息传输、软件和信息技术服务业"中的"软件和信息技术服务业"，行业代码为"I65"。根据国家统计局《战略性新兴产业分类（2018）》，公司所属行业为"新一代信息技术产业—人工智能—人工智能软件开发/人工智能系统服务"。

二、云从科技上市前投资项目分析

以人脸识别领域为例，商汤科技、旷视科技、依图科技与云从科技是国内人脸识别的四大独角兽公司，主要为金融、安防等领域提供算法技术与解决方案。以下是云从科技在上市前的投资项目分析。

1. 技术方面

云从科技拥有一系列自主创新的核心技术，涵盖计算机视觉、语音识别、自然语言处理等多个领域。

其产业化规模体现在与众多行业的深度合作上。在金融领域，为银行等金融机构提供智能身份认证、风险评估等解决方案；在安防领域，助力公共安全部门实现智能监控和预警；在交通领域，推动智能交通管理系统的发展。在此需要分析的是在市场竞争激烈，众多科技企业纷纷布局的人工智能领域里，面临的一些挑战和竞争压力，在技术不断更新换代中，云从科技能否持续投入研发以保持领先地位。云从科技在上市前已具备一定的产业化规模，公司是否未来有望在技术创新和市场拓展方面取得更大的成就。

云从科技上市前就因为产业化规模被认为是 AI 的国家队，且以领先国际的技术，深耕银行和安防。诞生于中国科学院（以下简称中科院）的产业化国家队，是中科院唯一战略先导的代表。中科院人脸识别团队以绝对优势战胜其他中科院团队，负责人脸识别研究和应用，在安防中发挥关键作用。

2. 云从科技的团队优势

2018 年底，云从科技公司共有 930 人，其中研发超过 600 人，30% 以上拥有博士学历，90% 以上拥有硕士学历，核心团队均来自中科院各大研究所以及 IBM、HP、Microsoft、华为、中兴等国内外著名互联网企业。

法人代表，董事长兼总经理周博士是公司实际控制人。是美国伊利诺伊大学（UIUC）博士，博士后研究员，系上海交大研究员，中科院百人计划，博士生导师。在国际顶级会议、杂志上发表 60 余篇文章，被引用上千次，带领团队先后 7 次获得计算机人脸识别领域世界冠军。曾任职于 IBM TJWatson 研究院、微软 Redmand 总部研究院、美国加州研究院等世界一流研究机构。师承"计算机视觉之父"教授黄煦涛（Thomas S Huang）。黄煦涛系云从科技首席专家，四院院士（中国工程院外籍院士、美国国家工程院院士、中国科学院外籍院士、中国台湾中央研究院院士），世界公认的"计算机视觉之父"。发明了预测差分量化（PDQ）两维传真（文档）压缩方法，该方法已发展为国际 G3/G4FAX 压缩标准。在多维数字信号处理领域中，提出了关于递归滤波器的稳定性理论，建立从二维图像序列中估计三维运动公式，为图像处理和计算机视觉开启了新领域。

3. 云从科技在人脸识别领域中的优势地位

云从科技在世界智能识别挑战赛成绩斐然，前后 7 次夺得世界冠军。在银行、公安等行业智能识别等 PK 实战中，63 次获得第一，奠定行业地位。云从科技与百度、腾讯、科大讯飞共同承担国家发展和改革委员会重大工程"人工智能基础资源公共服务平台"项目任务。云从科技与中国民航总局、中航信合作建立智慧交通平台。北京、上海、广州、重庆等国内 80% 的枢纽机场使用云从的方案及产品。

金融行业占据关键入口，领先优势明显。公司是中国银行业第一大 AI 供应商。国内有能力自建系统的银行约为 148 家，截至 2018 年 3 月 15 日，已经完成招标的银行约为 121 家，其中项目公司中标 100 家总行平台，市场占有率约为 80%。银行是涉及国家信息安全的敏感行业，银行客户在选择供应商时，除技术实力外，对出身资质也考虑较多，项目公司的国家队背景也是其在金融行业占据近乎垄断地位的原因之一。公司与四大行均建有联合实验室，公司可以合法使用银行经过脱敏处理后的数据，用于用户画像。银行的数据是最全面的用户画像，未来再与零售等场景获取画像结合后，优势将更加凸显。拥有 95 家银行客户，包括农业银行、建设银行、中国银行、工商银行、交通银行、招商银行等，出具 53 种业务场景解决方案，引领银行业智慧革新。

云从科技是一家提供高效人机协同操作系统和行业解决方案的人工智能企业，致力于助推人工智能产业化进程和各行业智慧化转型升级。包括：计算机系统服务；人工智能行业应用系统集成服务；人工智能通用应用系统；人工智能基础资源与技术平台；人工智能公共数据平台；人工智能公共服务平台技术咨询服务。能高效人机协同操作系统和行业解决方案，公司一方面凭借着自主研发的人工智能核心技术打造了人机协同操作系统，通过对业务数据、硬件设备和软件应用的全面连接，把握人工智能生态的核心入口，为客户提供信息化、数字化和智能化的人工智能服务；另一方面，公司基于人机协同操作系统，赋能智慧金融、智慧治理、智慧出行、智慧商业等应用场景，为更广泛的客户群体提供以人工智能技术为核心的行业解决方案。

4. 云从科技的人脸识别技术具有以下显著特点和优势

云从科技的人脸识别技术具有以下显著特点和优势：

（1）高精度识别：能够在复杂的环境条件下，如不同的光照、角度、表情等情况下，准确地识别出人脸，识别准确率达到了较高的水平。

（2）快速响应：具备快速处理和识别的能力，能够在短时间内完成人脸的检测和识别，满足实时性要求较高的应用场景。

（3）大规模数据处理：可以应对海量的人脸数据，通过高效的算法和强大的计算能力，实现对大规模人脸库的快速检索和比对。

（4）活体检测：能够有效区分真实人脸和照片、视频、面具等伪造人脸，防止欺诈和冒用，提高识别的安全性。

（5）多模态融合：结合人脸的多种特征，如面部轮廓、五官特征、肤色等，以及其他生物特征，如虹膜等，进行综合识别，提高识别的可靠性和准确性。

（6）深度学习算法：运用先进的深度学习技术，不断自我学习和优化，提升识别性能和适应新的场景。

（7）跨平台应用：支持在多种设备和平台上运行，包括移动端、PC端、服务器端等，满足不同场景的需求。

（8）定制化服务：可以根据不同行业和客户的特定需求，进行定制化开发和优化，以适应各种复杂的应用场景，如金融、安防、交通、零售等领域。

云从科技的人脸识别技术凭借其高精度、快速响应、大规模数据处理能力等优势，在众多领域得到了广泛的应用和认可。

三、云从科技上市前公司估值分析

云从科技在2018年时已经完成多轮融资，获得多个国家基金入场。消息人士称，这轮融资的额度达到人民币十亿元的级别，或可成为融资最多的中国本土人工智能公司。云从科技成立于2015年，旗下有金融、安防、交通、新零售、社区、教育等业务板块，公开资料显示，云从科技于2017年11月获得顺为资本领投的B轮融资及政府扶持资金共计25亿元。2017年3月，国家发展改革委员会确定云从科技与百度、腾讯、科大讯飞，共同承担国家"互联网+"重大工程"人工智能基础资源公共服务平台"建设任务。2018年1月，国家发展改革委员会再次确定云从科技和公安部一所旗下的"北京中盾"承担国家"人工智能"重大工程"高准确度人脸识别系统产业化及应用项目"建设任务。彼时，云从科技市场估值达到人民币220亿元。

1. VM 指数估值法

VM 指数估值法是一种用于评估企业在连续融资轮次中估值扩张速度的指标，特别适用于概念期或初创型企业，这些企业往往尚无正式产品或服务，仍处于发展初期，未来存在很强的不确定性，VM 指数的计算：

VM 指数＝本轮投前估值/前轮投后估值/两轮之间间隔月数

原则上，VM 指数不应超过0.5，并且一般呈现出随着融资轮数增加而逐轮下降的趋势。当公司尚未公开披露财务数据，可以主要参考几家可比公司在一级市场的融资情况，采用 VM 指数进行估值。

假设一家初创企业，前轮融资完成后的投后估值为 500 万元。经过 6 个月，迎来了新一轮融资，本轮投前估值为 1000 万元。那么，VM 指数 = 1000/500/6 = 0.33。

又比如，另一家公司前轮投后估值为 800 万元，两轮间隔 8 个月，本轮投前估值为 1600 万元。则 VM 指数 = 1600/800/8 = 0.25。

一般来说，如果 VM 指数在 0.2~0.5，可能被认为是相对较为正常和合理的范围。然而，这只是一个大致的参考，并非绝对标准。在不同的行业中，合理的 VM 指数可能会有所差异。例如，在高增长的科技行业，由于企业发展速度较快，VM 指数可能会偏高；而在一些传统、稳定的行业，VM 指数可能相对较低。此外，企业的发展阶段也会对其产生影响。处于早期快速发展阶段的企业，VM 指数可能较高；而成熟阶段的企业，VM 指数通常会相对稳定且较低。同时，市场环境的变化、行业竞争状况以及企业自身的独特情况等，都会导致对合理 VM 指数的判断有所不同。

具体而言，可能影响 VM 估值法数值的因素如下：

（1）行业发展趋势：处于快速增长、具有巨大潜力的行业，企业的价值增长通常更被看好，VM 指数可能较高；而在发展缓慢或衰退的行业，VM 指数往往较低。

（2）企业的发展阶段：初创期的企业可能增长迅速，VM 指数容易偏高；而成熟企业增长相对平稳，VM 指数会相对较低。

（3）市场竞争状况：竞争激烈的市场中，企业面临更多挑战，价值增长可能受限，VM 指数可能受到影响；若企业在竞争中具有明显优势，VM 指数可能较高。

（4）宏观经济环境：良好的宏观经济环境有助于企业发展，提升价值，VM 指数可能上升；经济衰退时则相反。

（5）企业的创新能力：具有强大创新能力，能够推出独特产品或服务的企业，更有可能实现快速价值增长，VM 指数较高。

（6）管理团队的能力：优秀的管理团队能够制定有效的战略，提高运营效率，促进企业价值提升，对 VM 指数产生积极影响。

（7）融资规模和用途：大规模的融资若能合理用于核心业务拓展和技术研发，可能推动企业价值快速增长，提高 VM 指数。

（8）政策法规：有利的政策法规能为企业创造良好发展条件，反之则可能限制企业发展，从而影响 VM 指数。

2. 运用 VM 指数估值法对云从科技进行估值

表 7-3 计算的是四家公司最近两轮融资的 VM 值，其中商汤与旷视的 VM 值小于 0.5，云从的 VM 值也较为接近 0.5，依图的 VM 值较大的主要原因是两轮融资间仅相隔一个月（VM 参考值为 0.2~0.5）。

表 7-3 国内人脸识别独角兽公司最新融资及 VM 值

公司	轮次	投资时间	融资金额	投后估值	VM 值
商汤科技	C+轮	2018.05	6.2 亿美元	45 亿美元	0.33
	D 轮	2018.09	10 亿美元	60 亿美元	
旷视科技	C+轮	2017.10	4.6 亿美元	23 亿美元	0.14
	D 轮	2018.07	6 亿美元	30 亿美元	
依图科技	C+轮	2018.06	2 亿美元	20 亿美元	1.20
	C++轮	2018.07	1 亿美元	24 亿美元	
云从科技	B 轮	2017.11	5 亿元人民币	40 亿元人民币	0.52
	B+轮	2018.10	数亿元人民币	230 亿元人民币	

资料来源：各公司官网，IT 桔子，民生证券研究院。

云从科技 2018 年 10 月估值为人民币 230 亿元，2017 年 11 月估值为人民币 40 亿元，其 VM 指数为本轮投前估值 230/前轮投后估值 40/两轮之间间隔月数 11 个月，即为 0.52。从"四小龙"的 VM 指数进行比较，略有偏高。对于 VM 估值法所得出的数值，很难给出一个绝对的、通用的合理范围，因为其合理性会受到多种因素的影响。

表 7-4 基本信息

日期	估值（亿元）	融资金额	融资轮次	投资方
2022 年 5 月 27 日	220	17.28 亿元人民币	pre-IPO	上市
2020 年 5 月 13 日	—	18 亿元人民币	C 轮	上海国盛集团、中国互联网投资基金、南沙金控、海尔金控、长三角产业创新股权投资基金、工商银行

续表

日期	估值 (亿元)	融资金额	融资轮次	投资方
2018 年 6 月 7 日	20	10 亿元人民币	B+	连升资本、前海德昇、广州基金、渤海产业投资基金、粤科金融、元禾原点、越秀金控、中国国新、张江星河、创领资本
2017 年 11 月 20 日	—	5 亿元人民币	B 轮	元禾原点、兴旺投资、普华资本、越秀产业基金、顺为资本、张江星河
2015 年 12 月 9 日	—	数千万元人民币	A 轮	杰朗资本
2015 年 3 月 1 日	—	6000 万元人民币	天使轮	佳都科技，杰翱基金

按照表 7-4 的信息，2022 年 5 月 27 日其估值为人民币 220 亿元，2018 年 6 月 7 日，其估值为人民币 20 亿元，时间可以认为是 48 个月（4 年—共 12×4＝48）。

则有 VM＝220/20/48＝0.23

VM 在 0.2~0.5，就属于估值合理区间，云从科技的 VM 在 0.23，小于 0.5，表明该公司的估值扩张速度在合理的范围内。如果 VM 指数超过 0.5，可能会让投资者感到担忧，因为这也许意味着公司估值增长过快，存在泡沫风险。也就是说 2022 年上市前的云从估值虽然达到了较高的水平，但其估值 220 亿元还是合理的，这一估值反映了市场对云从科技技术和市场潜力的认可。

需要注意的是，VM 指数估值法仅是企业估值的一种方法，它更多地关注于企业估值的扩张速度，而不是企业的绝对价值。因此，在使用此方法进行估值时，还需要结合其他估值方法（如 DCF 模型、P/E 比率模型等）和企业的具体情况进行综合分析。

根据公开信息显示，当时中国前 10 家 A 股独角兽总估值高达 507 亿美元，约 3500 亿元人民币，这些公司中，大疆创新 240 亿美元、商汤科技 60 亿美元、云从科技 33 亿美元、旷视科技 25 亿美元、寒武纪 25 亿美元。

不过，值得注意的是，虽然估值较高，但云从科技在上市后的表现并不完全令人满意。其股价在首日上涨后，对参与公司 pre-IPO 轮融资的投资机构来说，仍然面临浮亏的情况。这显示了市场对其长期盈利能力和业务模式的持续关注和挑战。

第八章 生物医药项目估值分析

第一节 生物医药项目背景概述

生物医药行业作为当今全球最具创新性和发展潜力的领域之一，其项目估值具有高度的复杂性和不确定性。准确评估生物医药项目的价值对投资者、企业决策者以及相关利益方至关重要。

一、生物技术革命带来千载难逢的历史发展机遇

近20年来，以基因工程、细胞工程、抗体工程为代表的现代生物技术迅猛发展，人类基因组计划、单细胞测序、冷冻电镜、AI等重大技术相继取得突破，现代生物技术在医学治疗方面广泛应用，生物医药产业化进程明显加快，已然成为21世纪全球性朝阳产业。欧美国家普遍把生命科技作为继互联网革命之后的又一次革命，科技创新热点正在从信息技术领域转向生物技术领域，经济也正在从传统经济时代向生物经济时代迈进。

创新的驱动力在各行业都是不可忽视的重要因素，尤其是我国生物医药行业处于转型升级中。在政策层面，"十四五"规划纲要指出，加快发展生物医药产业的发展进程，推动行业向高端化的方向发展，形成具有更强创新力、更高附加值且更安全的生物医药产业链；在制度层面，在北交所的建立、科创板第五套标准的放宽，以及生物医药产业相关的监管制度的改革下，同样加速了生物医药企业上市进程；在资本层面，资本市场保持对生物医药行业的持续关注，受疫情影

响下，投融资数额不断创出新高。在生物医药行业发展如此迅猛的势头下，如何寻找优质标的并对其进行客观合理的价值分析，这也是对投资机构专业度的考验。

生物医药项目估值的特点在于：

（1）高风险性：研发过程漫长且充满不确定性，临床试验成功率低，监管要求严格。

（2）技术驱动：依赖于前沿的科学技术和创新的研发成果。

（3）长周期性：从研发到上市通常需要数年甚至数十年的时间。

（4）无形资产占比高：如专利、技术秘密、研发团队的知识和经验等。

生物医药项目主要估值方法有：

（1）成本法：

——基于项目的历史成本和重置成本进行评估。

——适用于资产基础较为明确的项目，但难以反映项目的未来收益和潜在价值。

（2）市场法：

——参考同类已上市或交易的生物医药项目的估值指标。

——需找到可比的项目，且市场的有效性和可比性对结果影响较大。

（3）收益法：

——预测项目未来的现金流，并通过折现计算现值。

——常用的有现金流折现法（DCF）和风险调整现金流折现法（rNPV），是生物医药项目估值的主流方法，但对未来现金流的预测难度较大。NPV和rNPV，其内在逻辑都是通过现金流贴现（Discounted Cash Flow，DCF）来计算资产的现值。NPV采用了相对较高的贴现率来考虑货币的时间价值、商业风险和研发过程中的失败风险。而rNPV将每个开发阶段的现金流乘以达到该阶段的概率，使其能够更准确地反映风险和现值随时间的变化。

二、生物医药产业链得到全面发展

生物医药是多学科、多产业相互交叉渗透共同组成的产业，综合了微生物学、生物学、医学、化学、生物化学、生物技术、药学、人工智能等多学科原理及方法，现代生物医药产业和信息技术相融合的趋势也日益明显，进一步抬高了进入门槛，对人才和技术要求极高，背后是复杂技术研发体系的支撑，因此生物医药产业链分工日渐趋向于专业化及精细化，医药外包服务行业发展迅猛，产值不断扩大，生物医药产业链已然从纵向和横向两个方面得到了全面发展。

第二节　XYZ 生物制药公司项目分析

一、公司项目的经营范围

一般经营项目是：生物医学技术领域内的研发；干细胞技术、免疫细胞技术的研发；生物工程；医疗项目投资（具体项目另行申报）；化妆品、护肤品的研发、销售（象牙及其制品除外，法律、行政法规、国务院决定禁止的项目除外，限制的项目须取得许可后方可经营）；计算机系统服务；人工智能基础软件开发；人工智能应用软件开发；信息技术咨询服务；数据处理服务；企业形象策划；市场营销策划；市场调查（不含涉外调查）；企业管理；企业管理咨询；健康咨询服务（不含诊疗服务）；接受金融机构委托从事信息技术和流程外包服务（不含金融信息服务）；电子产品销售；技术服务、技术开发、技术咨询、技术交流、技术转让、技术推广；机械设备研发；第一类医疗器械销售；工程和技术研究和试验发展（除依法须经批准的项目外，凭营业执照依法自主开展经营活动）。许可经营项目是：医院管理咨询服务；第二类医疗器械销售；第三类医疗器械租赁。（依法须经批准的项目，经相关部门批准后方可开展经营活动，具体经营项目以相关部门批准文件或许可证件为准）

二、项目的优势分析

1. 三大技术路线

公司整合了 RNA 药物、纳米抗体、细胞与基因治疗三大技术平台，致力于生物医药产业布局，聚焦高端医学技术的发展方向，专注于生物医药领域的投资、研发、创新、转化及全球前沿科技板块和顶尖团队的资源整合。针对不同的靶点可以快速地进行药物验证及转化，团队参与过的研发项目已顺利进入临床试验阶段。

2. 领先的专利技术

先进的研发理念，以靶向肿瘤代谢重编程为发展抗肿瘤新疗法的积极方向。全球独家的同步影响 55 个抗衰老基因疗法，针对神经退行性疾病和衰老，有效提高细胞能量代谢。开发了全新载药平台，颠覆了注射类眼科用药方式。

3. 应用场景广，形成完善的产品管线

核心产品：广谱抗肿瘤小核酸药物和治疗多种肿瘤的双抗及三抗纳米抗体。

管线产品：治疗重度肺炎药物。抗衰老 lncRNA。AD/ASD 治疗 lncRNA。针对 VEGF 靶点治疗 AMD 滴眼液。干细胞膜药物。PRP 载体技术。

4. 优秀的研发及管理团队

研发团队由清华大学深圳国际研究生院教授团队参与共同推动研发成果转化，技术研发团队中 90% 的成员拥有博士学位。管理团队大多来自世界 500 强企业。

5. 药物作用靶点筛查平台

建立科学的 AI 大数据药物筛选模型，可以快速对 RNA 数据库进行筛选，对成药性进行预判，缩短药物遴选进程。利用独有的纳米抗体技术，结合 AI 设计、优化、筛选、快速建立有效的候选抗体库。

6. 市场前景广阔

产品靶点在多种肿瘤中均有表达，针对多种恶性肿瘤，属于泛癌种产品，市场潜力巨大。针对细胞能量代谢，有望治疗阿尔茨海默病及儿童孤独症。

第三节 医药项目权益价值资产评估

一、评估目的

公司拟引进投资者，需要对 XYZ 生物制药股东全部权益价值进行评估，为委托人提供价值参考依据。

二、评估对象和评估范围

评估对象为 XYZ 生物制药股东全部权益价值。根据评估目的，确定评估对象的价值类型为市场价值。市场价值是指自愿买方和自愿卖方，在各自理性行事且未受任何强迫的情况下，评估对象在评估基准日进行正常公平交易的价值估计数额。

评估范围为 XYZ 生物制药的全部资产及负债。具体包括流动资产、非流动资产（无形资产）、流动负债。

三、评估方法

1. 评估方法的选择

企业价值评估的基本方法主要有收益法、市场法和资产基础法。企业价值评估中的收益法，是指将预期收益资本化或者折现，确定评估对象价值的评估方法。收益法常用的具体方法包括股利折现法和现金流量折现法。企业价值评估中的市场法，是指将评估对象与可比上市公司或者可比交易案例进行比较，确定评估对象价值的评估方法。市场法常用的两种具体方法是上市公司比较法和交易案例比较法。企业价值评估中的资产基础法，是指以被评估企业评估基准日的资产负债表为基础，合理评估企业表内及表外各项资产、负债价值，确定评估对象价值的评估方法。《资产评估执业准则——企业价值》规定，资产评估专业人员执行企业价值评估业务，应当根据评估目的、评估对象、价值类型、资料收集情况等相关条件，分析收益法、市场法和资产基础法三种资产评估基本方法的适用性，恰当地选择一种或者多种资产评估基本方法。

本次评估选用的评估方法为：收益法和市场法。评估方法选择的理由如下：

公司目前运营正常，相关收益的历史数据能够获取。公司拥有未来经营计划及发展规划，公司在未来时期里具有可预期的持续经营能力和盈利能力，未来收益能够进行合理预测，因此适宜采用收益法进行评估。

通过以上分析，本次评估分别采用收益法及市场法进行，在比较两种评估方法所得出评估结论的基础上，分析差异产生原因，最终确认评估值。

2. 评估方法的介绍

（1）收益法。本次评估选用现金流量折现法中的企业自由现金流折现模型，现金流量折现法的描述具体如下：由于被评估单位子公司均为全资子公司，且基准日未实际开展生产经营，未设立财务账套。故本次采用母公司口径进行收益法测算，收益法整体公式如式（8-1）所示：

股东全部权益价值=企业整体价值-付息债务价值   （8-1）

企业整体价值是指股东全部权益价值和付息债务价值之和。付息债务价值是指评估基准日被评估单位需要支付利息的负债。被评估单位无付息债务。根据被评估单位的资产配置和使用情况，企业整体价值的计算公式如式（8-2）所示：

　　企业整体价值＝经营性资产价值＋溢余资产价值＋非经营性资产负债价值

$$(8-2)$$

　　1）经营性资产价值。经营性资产是指与被评估单位生产经营相关的，评估基准日后企业自由现金流量预测所涉及的资产与负债。经营性资产价值的计算公式如式（8-3）所示：

$$P = \sum_{i=1}^{n} \frac{F_i}{(1+r)^i} + \frac{F_n}{(1+r)^n} \qquad (8-3)$$

　　式中，P 代表评估基准日的企业经营性资产价值；F_i 代表评估基准日后第 i 年预期的企业自由现金流量；F_n 代表预测期末年预期的企业自由现金流量；r 代表折现率（此处为加权平均资本成本，$WACC$）；n 代表预测期；i 代表预测期第1年。

　　企业自由现金流量计算公式如式（8-4）所示：

　　企业自由现金流量＝净利润＋折旧与摊销＋税后利息－资本性支出－营运资金增加额

$$(8-4)$$

　　折现率（加权平均资本成本，WACC）计算公式如式（8-5）所示：

$$WACC = K_e \times \frac{E}{E+D} + K_d \times (1-t) \times \frac{D}{E+D} \qquad (8-5)$$

　　式中，k_e 代表权益资本成本；k_d 代表付息债务资本成本；E 代表权益的市场价值；D 代表付息债务的市场价值；t 代表所得税率。

　　权益资本成本采用资本资产定价模型（CAPM）计算。计算公式如式（8-6）所示：

$$K_e = r_f + MRP \times \beta + r_c \qquad (8-6)$$

　　式中，r_f 代表无风险利率；MRP 代表市场风险溢价；β 代表权益的系统风险系数；r_c 代表企业特定风险调整系数。

　　2）溢余资产价值。溢余资产是指评估基准日超过企业生产经营所需，评估基准日后企业自由现金流量预测不涉及的资产。溢余资产单独分析和评估。

　　3）非经营性资产、负债价值。非经营性资产、负债是指与被评估单位生产经营无关的，评估基准日后企业自由现金流量预测不涉及的资产与负债。非经营性资产、负债单独分析和评估。

（2）市场法。市场法是指将评估对象与可比上市公司或者可比交易案例进行比较，确定评估对象价值的评估方法。市场法常用的两种具体方法是上市公司比较法和交易案例比较法。

上市公司比较法是指通过对资本市场上与被评估单位处于同一或类似行业的上市公司的经营和财务数据进行分析，计算适当的价值比率或经济指标，在与被评估单位比较分析的基础上，得出评估对象价值的方法；而交易案例比较法是指通过分析与评估企业处于同一或类似行业的公司的买卖、收购及合并案例，获取并分析这些交易案例的数据资料，计算适当的价值比率或经济指标，得出评估对象价值的方法。

由于目前市场上具有一定可比性的交易案例较少，而目前市场上存在一定数量具有一定可比性的可比上市公司，能够通过分析与评估企业处于同一或类似行业的上市公司，获取并分析这些上市公司的数据资料，计算适当的价值比率或经济指标，得出被评估单位的价值，因此具备采用市场法中的上市公司比较法评估的条件。

本次市场法评估技术思路：①选择可比上市公司；②选择、计算价值比率；③运用价值比率得出估值结果。

四、评估程序实施过程和情况

深圳市某资产评估事务所（普通合伙）接受 XYZ 生物制有限公司的委托，评估人员于 2023 年 8 月 21 日至 2023 年 9 月 12 日对纳入评估范围内的资产和负债进行必要的核实及查对，查阅了有关账目、产权证明及其他文件资料，完成了必要的评估程序。在此基础上根据本次评估目的和委估资产的具体情况，采用收益法和市场法对该公司的股东全部权益进行了评定估算。整个评估过程包括接受委托、评估准备、现场清查核实、评定估算、评估汇总及提交报告等，具体评估过程如下：

（1）明确评估业务基本事项。由事务所业务负责人与委托人代表商谈明确委托人、被评估单位和委托人以外的其他评估报告使用者；评估目的；评估对象和评估范围；价值类型；评估基准日；评估报告使用限制；评估报告提交时间及方式；委托人与资产评估专业人员工作配合和协助等其他需要明确的重要事项。

（2）签订资产评估委托合同。根据评估业务具体情况，事务所对自身专业胜任能力、独立性和业务风险进行综合分析和评价，并由评估机构决定承接该评估业务。

（3）编制评估计划。事务所承接该评估业务后，立即组织资产评估专业人员编制了评估计划。评估计划包括评估的具体步骤、时间进度、人员安排和技术方案等内容。

（4）现场调查。根据评估业务具体情况，我们对评估对象进行了适当的现场调查。包括：要求委托人和被评估单位提供涉及评估对象和评估范围的详细资料；要求委托人或者被评估单位对其提供的评估明细表及相关证明材料以签名、盖章或者其他方式进行确认；资产评估专业人员通过询问、函证、核对、监盘、勘查、检查等方式进行调查，获取评估业务需要的基础资料，了解评估对象现状，关注评估对象法律权属；对无法或者不宜对评估范围内所有资产、负债等有关内容进行逐项调查的，根据重要程度采用抽查等方式进行调查。

（5）收集评估资料。根据评估业务具体情况收集评估资料，并根据评估业务需要和评估业务实施过程中的情况变化及时补充收集评估资料。这些资料包括：直接从市场等渠道独立获取的资料，从委托人、被评估单位等相关当事方获取的资料，以及从政府部门、各类专业机构和其他相关部门获取的资料；查询记录、询价结果、检查记录、行业资讯、分析资料、鉴定报告、专业报告及政府文件等形式；资产评估专业人员根据评估业务具体情况对收集的评估资料进行必要分析、归纳和整理形成的资料。

（6）评定估算。评估的主要工作：按资产类别进行价格查询和市场询价的基础上，选择合适的测算方法，估算各类资产评估值，并进行汇总分析，初步确定评估结果。

（7）编制和提交评估报告。在上述工作的基础上，项目负责人在完成初步资产评估报告后提交公司内部审核。事务所内部对评估报告初稿和工作底稿进行三级审核后，与委托人、被评估单位就评估报告有关内容进行必要沟通。在全面考虑有关意见后，对评估结论进行必要的调整、修改和完善，然后重新按事务所内部资产评估报告三审制度和程序对报告进行审核后，向委托人提交正式评估报告。

五、评估假设

由于企业所处运营环境的变化以及不断变化着的影响资产价值的种种因素，

必须建立一些假设以便资产评估专业人员对资产进行价值判断，充分支持所得出的评估结论。本次评估是建立在以下前提和假设条件下的：

1. 一般假设

（1）企业持续经营假设。企业持续经营假设是假定被评估企业的经营业务合法，并不会出现不可预见的因素导致其无法持续经营，被评估资产现有用途不变并原地持续使用。

（2）交易假设。交易假设是假定所有待评估资产已经处在交易的过程中，评估师根据待评估资产的交易条件等模拟市场进行估价。交易假设是资产评估得以进行的一个最基本的前提假设。

（3）公开市场假设。公开市场假设是假定在市场上交易的资产，或拟在市场上交易的资产，资产交易双方彼此地位平等，彼此都有获取足够市场信息的机会和时间，以便于对资产的功能、用途及其交易价格等做出理智的判断。公开市场假设以资产在市场上可以公开买卖为基础。

2. 特殊假设

（1）假设国家宏观经济形势及现行的有关法律法规、政策，无重大变化。

（2）假设被评估单位所在的行业保持稳定发展态势，行业政策、管理制度及相关规定无重大变化。

（3）假设国家有关赋税基准及税率、政策性征收费用等不发生重大变化。

（4）假设无其他人力不可抗拒因素及不可预见因素，造成对企业重大不利影响。

（5）假设本次评估测算的各项参数取值是按照现时价格体系来确定的，未考虑基准日后通货膨胀因素的影响。

（6）假设被评估单位提供的历年财务资料所采用的会计政策和进行收益预测时所采用的会计政策不存在重大差异。

（7）假设评估基准日后被评估单位的现金流入为均匀流入，现金流出为均匀流出。

六、评估结论

按照法律、行政法规和资产评估准则的规定，坚持独立、客观、公正的原则，该生物制药有限公司的股东全部权益价值采用收益法和市场法进行了评估。根据以上评估工作，评估结论如下：

（1）收益法评估结果。评估基准日总资产账面价值为 105 万元，总负债账面价值为 94 万元；净资产账面价值为 11 万元。收益法评估后的股东全部权益价值为 31576 万元，增值额为 31564 万元。

（2）市场法评估结果。评估基准日总资产账面价值为 105 万元，总负债账面价值为 94 万元；净资产账面价值为 11 万元。市场法评估后的股东全部权益价值为 13200 万元，增值额为 13188 万元。

（3）评估结论。收益法评估后的股东全部权益价值为 31576 万元，市场法评估后的股东全部权益价值为 13200 万元，两者相差 18376 万元，差异率为 139.21%。

两种方法评估结果差异的主要原因是：市场法是将评估对象与可比上市公司进行比较，确定评估对象价值的评估方法。市场法所选可比公司与被评估单位具有相似性，但因每个公司均有其自身特点，市场法评估时很难全面考虑被评估单位与其他可比上市公司的差异因素，致使最终市场法的估值较实际价值有所偏差。收益法是从企业的未来获利能力角度考虑的，反映了企业各项资产的综合获利能力。收益法强调的是企业整体资产的预期盈利能力，收益法的评估结果是企业整体资产预期获利能力的量化与现值化，是对多种单项资产组成并具有完整生产经营能力的综合体的市场价值的反映，包括运营商渠道、客户资源等无形资产，关注的重点是企业未来的盈利能力；且收益法中对未来盈利情况的预测是被评估单位管理人员对公司未来的经营判断，更切合被评估单位的实际情况及公司发展情况。

基于上述差异原因，收益法评估的途径能够更客观、合理地反映评估对象的价值，因此，本次评估最终结论采用收益法评估结果，即股东全部权益价值为 31576 万元。

参考文献

［1］2024 全球无人机市场洞察报告［Z］. 2024.

［2］［美］达摩达兰. 投资估价：评估任何资产价值的工具和技术［M］. 朱武祥，邓海峰译. 北京：清华大学出版社，1999.

［3］［美］达摩达兰. 投资估价：评估任何资产价值的工具和技术·第三版［M］. 林谦，安卫译. 北京：清华大学出版社，2014.

［4］［美］达摩达兰. 投资估价：确定任何资产价值的工具和技术（第2版）［M］. 林谦译. 北京：清华大学出版社，2004.

［5］［美］科普兰，科勒，默林. 价值评估公司价值的衡量与管理［M］. 高建，等译. 北京：电子工业出版社，2007.

［6］艾素芬. 基于用户价值模型的互联网生活服务平台价值评估研究——以美团为例［D］. 江西财经大学硕士学位论文，2022.

［7］艾素芬. 基于用户价值模型的互联网生活服务平台价值评估研究［D］. 江西财经大学硕士学位论文，2022.

［8］陈常滢. 人工智能类上市公司估值问题研究［D］. 广东外语外贸大学硕士学位论文，2020.

［9］陈常滢. 人工智能类上市公司估值问题研究——以海康威视为例［D］. 广东外语外贸大学硕士学位论文，2020.

［10］陈姗姗. 以岭药业股票投资价值分析研究［J］. 经济研究导刊，2020（34）：66-67+78.

［11］陈思甜.《科创板能圆我们纳斯达克梦么》（节选）模拟汉英交传实践报告［D］. 中南财经政法大学硕士学位论文，2020.

［12］陈雪娇. 基于相对估价法和 EVA 估价法对文化出版企业价值评估的研

究［D］．北京交通大学硕士学位论文，2013.

［13］陈妍群，朱家明，沈琼等．基于中美两国市场对科创板拟上市企业估值水平的预测［J］．高师理科学刊，2020，40（8）：28-34.

［14］陈一博．风险投资中的企业估值问题研究［J］．金融理论与实践，2010（1）：64-67.

［15］陈一博．风险投资中的企业估值问题研究［J］．金融理论与实践，2010（1）：64-67.

［16］单蕾．科创板未盈利企业估值研究［D］．中央财经大学硕士学位论文，2022.

［17］段文奇，宣晓．管理者能力是传递平台型互联网企业价值的信号吗——基于财务和非财务指标价值相关性的检验结果［J］．南开管理评论，2018，21（3）：54-65.

［18］段文奇，宣晓．基于价值创造视角的互联网企业价值评估体系研究［J］．财贸研究，2018，29（9）：85-97.

［19］段文奇，宣晓．基于价值创造视角的互联网企业价值评估体系研究［J］．财贸研究，2018，29（9）：85-97.

［20］郭建峰，王丹，樊云等．互联网企业价值评估体系研究——基于实物期权模型的分析［J］．价格理论与实践，2017（7）：153-156.

［21］郭岚一．互联网企业价值评估方法应用研究——以美团为例［D］．云南财经大学硕士学位论文，2021.

［22］何瑛，张大伟．阿里巴巴整体上市解析［J］．财务与会计，2015（10）：30-32.

［23］胡德良．涉及初创公司的软银簿记受到审查［J］．世界科学，2020（1）：48-51.

［24］火颖，张汉飞．FCFE模型进行估价的方法应用——青岛啤酒股票价值分析［J］．山东社会科学，2004（5）：55-57.

［25］火颖，张汉飞．FCFE模型进行估价的方法应用——青岛啤酒股票价值分析［J］．山东社会科学，2004（5）：55-57.

［26］火颖．投行与企业：资本服务的本质［M］．北京：中国言实出版社，2019.

［27］贾凡．梅特卡夫定律在互联网企业价值评估中的应用［J］．上海商业，

2023（1）：92-94.

[28] 贾凡. 梅特卡夫定律在互联网企业价值评估中的应用［J］. 上海商业，2023（1）：92-94.

[29] 江岚. 我国数字经济企业的类型与价值评估分析［J］. 现代商业，2021（8）：95-98.

[30] 靳甜莉. 基于市销率法对科创板上市公司价值评估的研究［D］. 中国矿业大学硕士学位论文，2020.

[31] 乐凯，廖伊凡. "独角兽"企业估值研究——以美团点评为例［J］. 商讯，2020（3）：21+23.

[32] 黎颖. 基于AEG估值模型的"云经济"型公司价值评估探讨——以用友网络为例［D］. 江西财经大学硕士学位论文，2021.

[33] 李博，燕波. 估价模型对新股估价的比较分析［J］. 汕头大学学报（人文社会科学版），2014，30（1）：55-62+95.

[34] 李博宇. 基于修正DEVA方法的直播平台企业价值评估研究［D］. 四川师范大学硕士学位论文，2022.

[35] 李国亮. 少数股权投资中估值方法选择的探讨——以读者传媒投资阿法迪股权为例［J］. 时代金融，2021（16）：39-41.

[36] 李国亮. 少数股权投资中估值方法选择的探讨——以读者传媒投资阿法迪股权为例［J］. 时代金融，2021（16）：39-41.

[37] 李瑞丰. 专利信号对医药初创企业估值的影响研究［D］. 对外经济贸易大学硕士学位论文，2020.

[38] 李诗钰. 科创板生物医药公司估值优化研究？——以普门科技为例［D］. 华东师范大学硕士学位论文，2022.

[39] 李勇，崇雨琪. 基于股票估值折价与溢价对中国科创版市场与美国NASDAQ市场的对比分析［J］. 辽宁工业大学学报（自然科学版），2021，41（5）：337-341.

[40] 刘荟玲. 从中小企业融资困境看北交所新规的法律意义［J］. 法制博览，2022（34）：139-141.

[41] 刘玲. 电子商务类互联网企业价值评估——基于京东商场的案例分析［D］. 北京交通大学硕士学位论文，2018.

[42] 刘小军. 生命周期理论下高科技企业估值方法选择及风险管理策略

[J]．营销界，2022（3）：82-84.

[43] 刘小军．生命周期理论下高科技企业估值方法选择及风险管理策略 [J]．营销界，2022（3）：82-84.

[44] 刘一凡．初创互联网公司价值估值研究——以哔哩哔哩公司为例 [D]．大连：大连理工大学硕士学位论文，2019.

[45] 吕璐含．网络视频平台哔哩哔哩价值评估研究 [D]．山东大学硕士学位论文，2020.

[46] 罗勇霞．创新医药行业上市公司估值的案例研究 [D]．华中科技大学硕士学位论文，2019.

[47] 马思原．初创期互联网公司的估值方法比较分析——以 T 公司为例 [D]．北京交通大学硕士学位论文，2019.

[48] 马宇．新兴经济体跨境资本流量合意区间测算研究 [M]．北京：中国社会科学出版社，2023.

[49] 钱锦．改进的经济增加值法对周期性企业价值的评估研究 [D]．云南大学硕士学位论文，2022.

[50] 屈晓娟，张华．创业版上市公司价值评估模型构建研究——基于灰色预测模型与实物期权的结合 [J]．财会通讯，2019（5）：98-103.

[51] 盛淼桂．我国生物医药上市公司估值偏差的影响因素研究 [D]．首都经济贸易大学硕士学位论文，2021.

[52] 石丽．基于商业模式的 H 直播企业估值模型研究 [D]．北京交通大学硕士学位论文，2021.

[53] 史一鸣．中国科创板市场与美国纳斯达克市场比较研究 [D]．天津财经大学硕士学位论文，2020.

[54] 宋福杰，肖强．无人机产业分析报告 [J]．高科技与产业化，2016（8）：56-61.

[55] 宋鑫．移动互联网时代企业商业模式创新、公司治理与价值创造——基于拼多多与瑞幸公司的案例研究 [D]．甘肃政法大学硕士学位论文，2022.

[56] 宋鑫．移动互联网时代企业商业模式创新、公司治理与价值创造 [D]．甘肃政法大学硕士学位论文，2022.

[57] 孙庭阳．科创板、创业板、北交所的科技成色　经济与科技正强耦合 [J]．中国经济周刊，2022（19）：33-35.

［58］唐彩曦．初创型科技公司 EVA 估值模型选择研究以 A 公司为例［D］．西南交通大学硕士学位论文，2021.

［59］滕涛，郭佳佳，郑丽红．基于商业模式视角的药企估值模型探析［J］．山东工商学院学报，2020，34（5）：101-106.

［60］万小容．科创板未盈利创新药企业价值评估研究［D］．重庆理工大学硕士学位论文，2023.

［61］王方明，杜栋栋．阿里巴巴赴美上市估值猜想［J］．时代金融，2014（23）：139-140+142.

［62］王峰．军民融合热度渐升 A 股酝酿主题行情［J］．商业观察，2019（8）：42-47+49-55.

［63］王天奇．基于哔哩哔哩公司的互联网视频企业价值分析的案例研究［D］．华中科技大学硕士学位论文，2021.

［64］王秀子．私募股权投资公司对初创企业的估值研究［D］．云南财经大学硕士学位论文，2019.

［65］王治，李馨岚．互联网企业价值评估模型比较研究［J］．财经理论与实践，2021，42（5）：75-82.

［66］王紫茵．商业模式对企业价值评估的影响——以小米公司价值评估为案例研究［D］．中南财经政法大学硕士学位论文，2019.

［67］维克多．BAT 的老路走不通了［J］．企业观察家，2020（3）：60-61.

［68］无人机公司亿航智能登陆纳斯达克，上市首日市值 6.6 亿美元［EB/OL］．https：//baijiahao．baidu．com/s？id＝1652776734479223786&wfr＝spider&for＝pc.

［69］吴慧迪．社交电商的商业模式和估值方法［D］．上海交通大学硕士学位论文，2019.

［70］吴俊．私募股权投资价值评估方法研究［D］．河北金融学院硕士学位论文，2022.

［71］吴俊．私募股权投资价值评估方法研究［D］．河北金融学院硕士学位论文，2022.

［72］相小红，周宇飞，康翻莲．蚂蚁集团的估值分析［J］．农村经济与科技，2021，32（22）：136-138.

［73］相小红，周宇飞，康翻莲．蚂蚁金服的估值分析［J］．农村经济与科

技，2021，32（22）：136-138.

[74] 谢孟军．对外贸易驱动汉语国际推广研究：理论及实证［M］．北京：人民出版社，2023.

[75] 宣晓，段文奇．价值创造视角下互联网平台企业价值评估模型研究［J］．财会月刊，2018（2）：73-78.

[76] 宣晓，段文奇．价值创造视角下互联网平台企业价值评估模型研究［J］．财会月刊，2018（2）：73-78.

[77] 玄彬．首家滑板电动车独角兽公司获 1.5 亿美元投资［J］．电动自行车，2020（2）：18.

[78] 杨睿．非上市银行企业价值评估——以 A 银行为例［J］．财经界，2021（27）：87-90.

[79] 袁若璨．人工智能公司估值优化研究？——以科沃斯为例［D］．华东师范大学硕士学位论文，2022.

[80] 岳雄．科创板生物医药公司估值优化案例分析［D］．河北金融学院硕士学位论文，2021.

[81] 翟东升，陈曾曾，徐硕等．基于实物期权的专利组合估值方法研究［J］．情报杂志，2021，40（6）：200-207.

[82] 张高山，杨景海．相对估价法在企业价值评估中的应用探讨——以山西汾酒厂股份有限公司为例［J］．现代商贸工业，2014，26（23）：16-18.

[83] 张高山，杨景海．相对估价法在企业价值评估中的应用探讨——以山西汾酒厂股份有限公司为例［J］．现代商贸工业，2014，26（23）：16-18.

[84] 张海鹏，朱家明．基于平均市销率估值法对科创板拟上市企业估值的研究［J］．湖南文理学院学报（自然科学版），2020，32（3）：1-7+29.

[85] 张牧君．用户价值与数字税立法的逻辑［J］．法学研究，2022，44（4）：112-131.

[86] 张鹏雍．数字企业估值研究［D］．南昌大学硕士学位论文，2021.

[87] 张巍巍．中国创业板上市公司价值评估和分析［D］．上海交通大学硕士学位论文，2015.

[88] 张巍巍．中国创业板上市公司价值评估和分析［D］．上海交通大学硕士学位论文，2015.

[89] 张先治，杜春明．管理层能力与并购过程价值创造［J］．财经问题研

究，2020（12）：78-88.

[90] 张先治，李苗. 双重成本匹配影响企业集团管控模式选择的机制——基于海尔集团的探索性案例研究 [J]. 财经问题研究，2022（8）：92-102.

[91] 张先治，王晨嫣. 集团管控下母子公司决策权配置模式与公司价值——基于租值耗散理论的视角 [J]. 科学决策，2022（4）：21-43.

[92] 张先治，王晨嫣. 剩余索取权、母子公司协同型配置模式与公司价值 [J]. 管理学刊，2022，35（2）：68-86.

[93] 张小玲. 新零售模式的企业估值研究 [D]. 电子科技大学硕士学位论文，2019.

[94] 张秀军. 基于实物期权的人工智能上市公司估值研究 [D]. 对外经济贸易大学硕士学位论文，2019.

[95] 张秀军. 基于实物期权的人工智能上市公司估值研究 [D]. 对外经济贸易大学硕士学位论文，2019.

[96] 张秀军. 基于实物期权的人工智能上市公司估值研究 [D]. 对外经济贸易大学硕士学位论文，2019.

[97] 张在强. 基于聚类分析的生物医药行业 IPO 定价方法研究 [D]. 西南交通大学硕士学位论文，2007.

[98] 赵甜利. 基于 BP 神经网络的 A 股医药制造上市公司估值优化研究 [D]. 华东师范大学硕士学位论文，2022.

[99] 赵馨培. 基于修正 DEVA 模型的互联网企业估值研究 [D]. 山东财经大学硕士学位论文，2022.

[100] 郑征，朱武祥. 高科技企业生命周期估值方法选择与风险管理策略 [J]. 中国资产评估，2019（7）：4-12.

[101] 郑征，朱武祥. 高科技企业生命周期估值方法选择与风险管理策略 [J]. 中国资产评估，2019（7）：4-12.

[102] 郑征，朱武祥. 模糊实物期权框架下初创企业估值 [J]. 清华大学学报（自然科学版），2019，59（1）：73-84.

[103] 郑征. 如何科学评估新三板企业实物期权价值——基于期权定价理论与模糊层次分析模型 [J]. 金融监管研究，2020（11）：83-99.

[104] 钟威. 中国股市市销率模型估值策略有效性实证研究 [J]. 营销界，2019（37）：267-269.

［105］朱贝贝．人工智能行业上市公司估值问题研究？————以科大讯飞为例［D］．上海国家会计学院硕士学位论文，2018.

［106］朱贝贝．人工智能行业上市公司估值问题研究［D］．上海国家会计学院硕士学位论文，2018.

［107］朱民琪．互联网企业价值评估研究［J］．合作经济与科技，2022（23）：95-97.

［108］朱民琪．互联网企业价值评估研究［J］．合作经济与科技，2022（23）：95-97.

［109］庄霞．公司估值影响因素探讨［J］．全国流通经济，2022（6）：85-87.

［110］庄霞．公司估值影响因素探讨［J］．全国流通经济，2022（6）：85-87.

［111］Black F S, Scholes M S. The Pricing of Optionsand Other Corporate Liabilities［J］. Journal of Political Economy, 1973, 81（3）: 637-654.

［112］Ioannidis A P J, Khoury J M. Assessing Value in Biomedical Research: The PQRST of Appraisal and Reward［J］. JAMA, 2014, 312（5）: 483-484.

［113］Jo D, Kwon Y. Analysis of VTOL UAV Propellant Technology［J/OL］. Journal of Computer and Communications, 2017（5）: 76-82. Doi: 10.4236/jcc.2017.57008.

［114］Myers. Determinants of Corporate Borrowing［J］. Journal of Financial Economics, 1977（5）: 147-175.

［115］N N, N D R, M D P, et al. Value of Biomedical Scientists Providing On-site Specimen Adequacy Assessment for Fine-needle Aspirations.［J］. British Journal of Biomedical Science, 2012, 69（3）: 108-111.

［116］Villani E, Rassmussen E, Grimaldi R. How Intermediary Organizations Facilitate University-Industry Technology Transfer: A Proximity Approach, Technological［J］. Forecasting and Social Change, 2017, 114: 86-102.

［117］Zingales L. In Search of New Foundations［J］. Journal of Finance, 2000, 55: 1623-1653.